「理系」で読み解く すごい日本史

竹村公太郎［監修］

青春新書
INTELLIGENCE

はじめに――日本の奇跡の文明を支える「縮小する技術」「細工する技術」

日本の理系力が「人類の奇跡」を生んだ

アメリカの国際政治学者サミュエル・ハンチントンは、その著書『文明の衝突』（鈴木主税訳／集英社）の中で、マシュー・メルコの説を引用して、次のように評した。

世界には歴史的に少なくとも12の文明があった。その中で生き残った文明は5つで、中国文明、インド文明、イスラム文明、西欧文明、そして日本文明であると。

さらにハンチントンは、

「日本文明には敵対する文明はない。しかし、連携する文明もない。日本文明は独立した文明」

と断定している。日本の歴史、文明は、どうやら世界史、人類史の中でも特異な存在であるようだ。

日本は「生き残った」文明の中での唯一の島国。それもユーラシア大陸とは流れの速い対馬海流で隔たれている。世界史の中心のユーラシア大陸の暴力からこの海流が日本を守ってくれた。

鎌倉時代の2度の「元寇《げんこう》（蒙古襲来）」を除いて、ほとんど他国による直接侵略の脅威にさらされることがなかった。

日本という国は、縄文時代以前も加えれば、数万年におよぶ生活の痕跡を残している。

日本史上、最も激変した明治近代化に関して、英国の歴史学者アーノルド・J・トインビーは、「人類の歴史の奇跡の一つは、日本の明治以降の近代化だ」という言葉を残している。日本の歴史の奇跡ではなく、「人類の歴史の奇跡」とまで言っているのだ。

日本に「奇跡の力」があるとしたら、なにがそうさせたのだろうか。

島国として、大陸と隔絶していたことのほかに、日本に独特の条件は何か、というと、その一つに「雪深い地域が多い」ということが挙げられる。

関東平野や近畿地方などの平野部、そして、温暖な地方に住んでいる方にはピンと来ないかも知れないが、日本ほど積雪が多く、冬には生活困難な環境になる地域に、多数の人々が住んでいる国はないのだ。

これは、いわゆる「北の国」というイメージがある北欧のノルウェーやカナダと比較しても、格段の違いがある。

（図表1）積雪50㎝以上の地域の人口密度

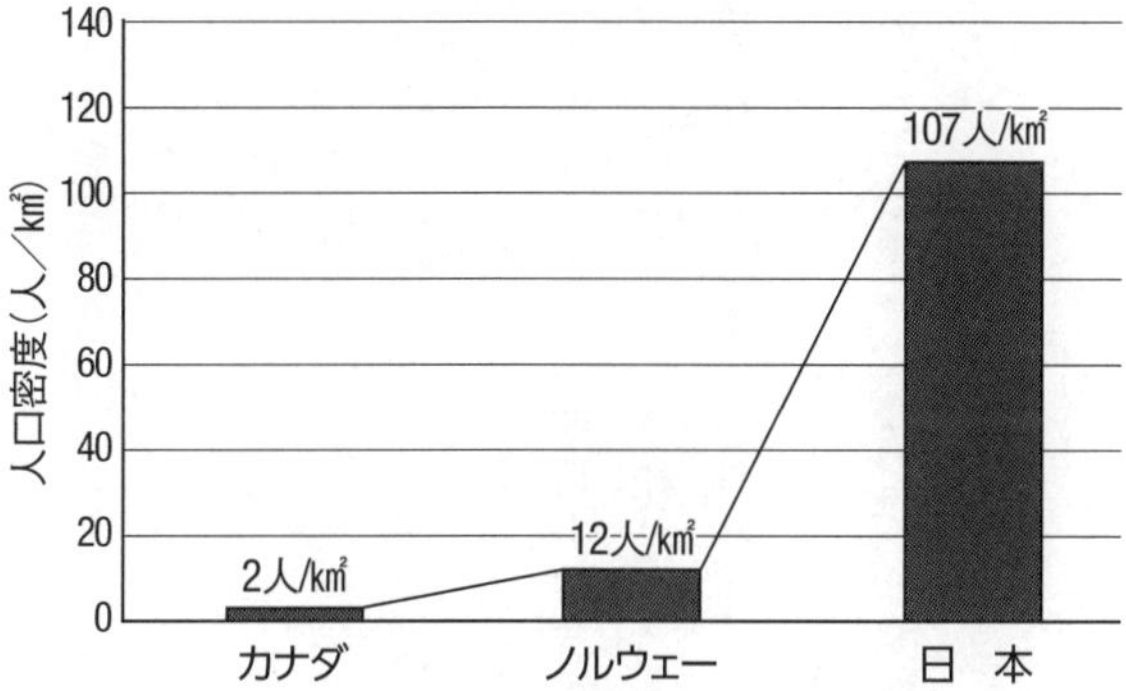

北国のイメージが強い国々より、日本の「雪国の人口密度」は非常に高い。これが、独自の技術・文化を育てた。

それは、「積雪50センチメートル以上の地域の人口密度」のグラフでわかる。カナダの「2人／㎢」、ノルウェーの「12人／㎢」に比べて、日本の「雪国人口密度」は、「107人／㎢」と飛び抜けて高い。

日本は、「四季に恵まれた温暖なモンスーン気候」で住みやすいというのが、日本人一般のイメージだが、世界の文明の発祥地に比べると、とんでもない「雪国」なのだ。

ハンチントンが著書で挙げた「人類史上の12の文明」には、生き残った5つの文明以外に、メソポタミア文明、エジプト文明、クレタ文明、古代ギリシャ・ローマ文明、ビザンティン文明、中央アメリカ文明、アンデス文明がある。

これらの人類史上の文明の中で、特異な「雪国」を抱えているのは、日本だけなのだ。例えば、飛騨・高山は、まさに雪国の名にふさわしい。その雪の威圧感は、経験しなければわからないもの。12月から3月までの4カ月間、雪の中に人々は閉ざされる。

広大な大陸であれば、「雪」の季節には温暖な地方に移住すればいいが、中央に脊梁《せきりょう》山脈が走り、河川と海峡、山々に遮られる狭隘《きょうあい》な日本列島では、そう簡単に移住はできない。人々は、積雪の数カ月を雪の中で耐えるほかなかった。

この「地勢と気象」が日本人に独特の民族性と文明、文化をもたらした。これは、本文で後述する縄文土器の独自のデザインなどにつぶさに表れている。

この民族性と文明、文化は、日本の「ものづくり」の基礎となり、「技術力」「理系力」の基盤となったと考えられる。

「地形」と「気象」、「交流軸」が文明を決定づける

日本人は、「ロボット」が好きだ。昔から親しまれている「からくり人形」は、「古《いにしえ》のロボット」だ。

ここでも日本の「技術力」「理系力」が発揮されている。

これぞ「人類最古のロボット」ではないかと思っているのが、日本最大の説話集『今《こん》昔《じゃく》物語集』に登場する「からくり人形」。

1000年以上前に書かれたこの説話集には、桓武天皇(737－806)の皇子・高《か》陽親王《やのみこ》(賀陽《かや》親王、794－871)が、その「ロボット」をつくった話が収められている。

時は、桓武天皇が平安遷都をおこなった頃。当時、農業用水が十分ではなく、日照りが少しでも続くと田んぼが水涸《みずが》れとなって農民がたいへん困っていた。高陽親王が建立《こんりゅう》したという京都・京極寺の近くの田んぼも同様で、そのようすを見た高陽親王は、ユニークな解決方法を考えついた。

それは、器を両手に持って田んぼの縁に立つ、身の丈4尺(約120センチ)ほどの「子どもの人形」だ。その人形が持つ器に水を満たすと、人形は自動的に水を自分の顔に「パシャッ」とかける、そんな仕掛けだった。

そのようすがとても愉快だったので、都の人々の間でうわさとなり、新しもの好きの都《みやこ》人《びと》が見物に訪れるようになった。

人々は、水を汲んできては人形の器に水を満たし、人形が滑稽な動作で顔に水をかけるのを見て大喜びしたという。次から次へと見物人が水を運んでくるので、おかげで日照りの時期でも、その田んぼには水が十分に行き渡った、という話だ。

飛騨・高山の「高山祭」は、豪華絢爛《けんらん》な屋台（山車《だし》のこと）が数多く曳《ひ》かれることで有名だ。日本三大曳山《ひきやま》祭りの一つでもある。この屋台のいくつかにからくり人形が造作されている。

この祭りはある意味、「からくり人形の祭典」でもある。そのからくりは、芸術の域に達している。「龍神台」という屋台のからくりは、「龍神が、封じられていた壺（琵琶湖）の中から現れ、怒って紙吹雪を散らしながら乱舞する」といった非常に高度なものだ。

数人がかりで数十本の操り糸で人形を操るというからすごい仕組みである。

積雪で閉ざされた冬の間、彼の地の人々は、からくり人形づくりにいそしんで、それぞれの村々で、個性豊かな人形を工夫し、競い合った。

雪深いがために、精密なからくりを工夫し、試作し、丹念にこしらえる時間がたっぷりあったからだ。

この高度なワザが、なぜ高山で発達したのかというと、それは、高山の地勢が関係している。京都と関東との途上にあり、江戸期には、中山道（東山道）、北陸道、東海道などが整備される「交流軸」の上にあった。

この地方は、あらゆる新しい情報が座していても入ってくる土地柄だった。この「情報」

（写真１）飛騨・高山の「高山祭」

雪深いという地形と気象が「からくり屋台」に象徴される緻密な文化、技術力を育んだと考えられる。

Korkusung/Shutterstock.com

「交流軸」というポイントが、中部地方に多くの「ものづくり産業」が生まれた理由の一つである。

そこに雪深い「地勢と気象」の条件が加わって、「からくり屋台」に象徴される、緻密な文化、文明、「ものづくり」が育まれたのだ。

加えて、雪に閉じ込められた村の人々は、囲炉裏のまわりに集まって「チーム」として共同でものづくりに励んだ。だれか一人の有名人が技術を開発するというより、チームで競い合った。

21世紀の現在でも、この「チームの発想」は生きている。中部地方から興った世界的企業・トヨタ自動車。その工場を見学に訪れたことがある。そのとき、生産ラインが突然止まった。どうしたのか、なにかトラブルが発生したのか、と思ったら、そのラインに従事しているスタッフが、新たな作業手順を思いついたときに、ラインを止めて、みんなで「いい方法」について議論するのだという。

まさに、チームで作業を改善していくシステムが生きているのだ。私はこれこそ「雪国でのものづくり」の原点だと感じた。

中部地方には、こうしたものづくりの条件がベースとして生き続けている。

持続可能な文明に欠かせない日本の理系力

化石エネルギーや各種資源の限界も目の前に迫り、私たちが生きている地球の制約が明らかになってきた。この地球で、未来に生き残る文明は、「サステナブル（持続可能）」な文明だ。

20世紀の資本主義の発展は、「グローバル」という言葉で象徴されたように、「拡大主義」で世界の隅々まで展開してきた。しかし、地球の資源の限界がはっきりした今、未来の文明は「縮小」に転じざるを得ない。

「軽いもの」「小さいもの」がこれまで以上に重視されるようになる未来において、日本の「小型化」「縮小するものづくり」をはじめ、日本的な「からくり」から「ロボット」、そして「AI（人工知能）」に結びつく発想が「未来文明」の指針となっていく。

「縮小」こそが日本人の得意分野なのだ。

日本列島に住んできた人々は、山脈が連なり、無数の河川が流れ下り、海峡が行く手を阻む厳しい地形を歩き続けてきた。歩き続ける人々の命を救うのは、ものを少しでも小さく軽くすることであった。小さくし軽くし縮める思想は、日本人の身体を助ける実に具体的な事実から生まれていった。

日本人ほど小さいものを「かわいい！」と愛《め》でる民族は見当たらない。細工しないものを「不細工」といい、詰め込まない人を「つまらない奴」という。縮小することは、日本人の美意識にまでなった。これは日本人が優れているというより、日本列島の厳しい地形と気象に適応してきたからにほかならない。

日本人は、世界のリーダーになろうとは考えないほうがいい。雪に閉ざされた山村でそうだったように、日本人は心ゆくまで「縮小」の工夫にいそしみ、未来文明の指針を世界に示せばいい。

日本の歴史がそうだった。江戸期を含めて、日本人は一度も世界の文明をリードしているという自覚はなかった。しかし実際には、つねにものづくりの最先端を走っていた。今後も日本人は、意識しなくても、結果的に世界をリードしていく。

それを裏づけるのが、ものを細工し、知恵を詰め込んでいく「理系力のものづくり」である。

日本の文明は、ずっとその底力を持ち続けていた。本書では、その「日本文明の奇跡」の一端を、日本史の中から解きほぐしてみたい。

2019年春吉日

竹村公太郎

「理系」で読み解く すごい日本史

目次

第3章　歴史を塗り替えた戦国期のテクノロジー

第4章 江戸が世界一の都市になった設計力

終章　明治以降の〝奇跡の発展〟を支えた理系の力

第1章

世界の最先端を行く縄文時代の技術力

1 本当はすごい文化があった縄文時代

日本の技術力、理系力の原点

現代の日本は、高度経済成長期以来の「ものづくり大国」から、「ＩＴ（情報技術）大国」へと転換しようとしている。ＩＴというと、すでに古い言葉、という印象があるほど、時代はめまぐるしく進展している。

これからは、「ＡＩ（人工知能）」を活かしたものづくり、ともいわれるが、日本の文明の背骨には、つねに「ものづくりのすごさ」があった。

それは、縄文時代から近代、現代まで一貫したもので、なにがその底流にあるのか、というと、ものを細工し、知恵を詰め込む「技術力」「理系力」だろう。

例えば、縄文土器や土偶の美しさは、実用と装飾がせめぎ合う融合点を見せていることから生まれている。もとはどこにでもある「土」をこねて造形し、加熱して完成させ、こんにち博物館に飾られるほどの美術品となる。

日本刀の魅力は、その信じがたい切れ味と、見る者を惹きつける深い輝きにある。そこにはまさに「刀工・刀匠の魂」が宿り、世界の人々を魅了している。

ここに、日本の技術力・理系力の原点がある。

日本の底力、技術力・理系力は、縄文時代にすでに開花を見ている。そこから紐解《ひもと》いてみよう。

金色《こんじき》に輝く「縄文のビーナス」

縄文時代の土器、土偶の完成度は、その後に続く日本人の「魂」を感じさせられる。

その魂が、「技術」によって裏づけられていることが、現代の我々にとっても驚きなのだ。この技術は、世界史的にも最先端を行くものだった。

日本の歴史教科書は、ごく簡略な記述しかない石器時代に続く「縄文時代」から本格的な話が始まる。

その時代は、いまだに「狩猟・採集・漁労」がおもで、「原始的だった」という印象で描かれてきた。しかも、1万年以上におよぶ縄文時代が、400ページ前後もある教科書（高校教科書の場合）の中で、ほんの数ページほどで終わってしまう。

本当に、1万年もの間、原始的だったのか。いろいろな遺跡、出土品などが発見されて、実は世界史的に見ても価値が高い、高度な文明に満ちた時代だったのではないか、という見方が強まっている。

2018年に東京国立博物館などで公開された「縄文のビーナス」の造形の見事さには、驚かされた。

長野県茅野市の棚畑《たなばたけ》遺跡から出土したビーナスは、美しい曲面で構成され、妊娠した女性のようすを表していると考えられている。

棚畑遺跡には、縄文時代前期から江戸時代までの生活の跡が見つかっているが、縄文のビーナスは、「縄文時代中期（約4000年から5000年前）」につくられたものとされる（茅野市尖石縄文考古館ホームページより）。

縄文時代の集落は、祭りなどに使われたと見られている広場を中心に、環状に家が建てられ、ビーナスは広場の中心の「土坑《どこう》」と呼ばれる小さな穴に横たわるように埋まっていた。

注目なのが、全体が粘土のかたまりで肉づけするようなつくりなのだが、「雲母《うんも》」が粘土に混じっていて、その雲母が金色に輝いて見えるところだ。その表情は線画のような非常に単純な線で描かれているが、体は丹念に磨き上げたものと考えられる。

見つかった状態も、寝かせるように安置したようすで、ほかの出土品でよく見られるように、なんらかの理由で壊されたようなところはない。集落にとってとても大切な宗教的儀式に用いられたのだろう。

しかも、この棚畑遺跡には、縄文時代前期から人が居住していたというから、約7000年前から、この地に人が定住していた可能性があるわけだ。

7000年前から5000年くらい前まで、また、それ以降も、この遺跡ではなんらかの祭祀が脈々と伝えられていたことが想像される。

季節によって移動するような半定住から定住生活に変化する中で、縄文人のスピリットも進化し、縄文の土偶や土器もいろいろと進歩したのだろう。縄文時代の人々が、女性の存在に「黄金の輝き」を感じ取り、それを当時の最先端の技術によって表現したのだ。

(写真2)国宝「土偶」
(縄文のビーナス)

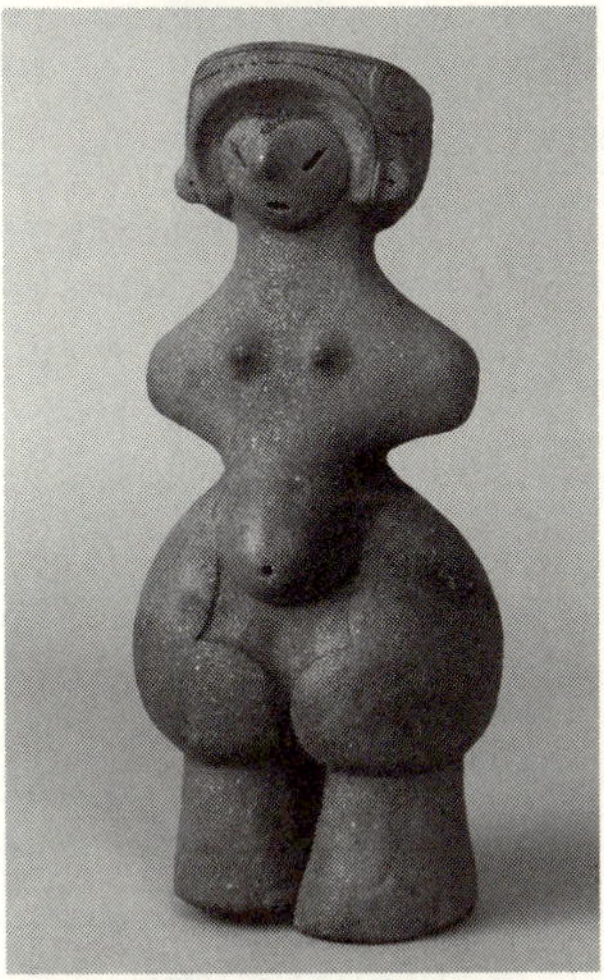

縄文中期につくられたとされる「縄文のビーナス」。粘土に雲母が混じっていて金色に輝いて見えるのが特徴。
棚畑遺跡出土・長野県茅野市所蔵

現代芸術の巨匠も衝撃を受けた「火焰《かえん》型土器」

縄文土器でとくに目を引かれ、印象が強いのが「火焔型土器」だ。

縄文土器は、「草創期」と呼ばれる時期を入れると1万年以上前に登場し、それから約8000年間、さまざまな形状のものがつくられた。

火焔型土器は、約5000年前から4000年前の縄文時代中期に、おもに日本海側の各地でつくられた。

火焔型土器の最大の特徴は、「実用的ではなさそう」ということだろう。非実用的だから、宗教的儀式のためにつくられたという説もある。

1970（昭和45）年の大阪万博のシンボル「太陽の塔」など、日本の歴史・文化を踏まえた数々の独創的なオブジェをデザインした岡本太郎氏が、火焔型土器に「衝撃を受けた」と伝わっている。

現代芸術の一つの頂点を極めた人物といえるであろう岡本氏から見ても、火焔型土器は、「人類史」的なレベルで衝撃的なデザインだったという一つの証拠だ。

この火焔型土器を見ていると、縄文時代の日本人がどのような「遊び心」を持っていたのかという想像がかき立てられる。

この土器をつくった人は、最初からここまで複雑な形にしようとは思わなかったかもしれない。それまでの縄文土器は、比較的シンプルな形で、その名の通り、「縄目」の模様が付けられていたが、火焔型土器は、突如として極めて複雑なデザインになる。

ドングリやクルミなどの堅果《けんか》類を煮炊きするために土器が用いられたと考えられているが、そのためだけなら、周囲に複雑な装飾をほどこす必要は感じられない。かえって使いづらいように見える。

(写真3) 深鉢 火焔型土器

現代芸術の一つの頂点を極めた岡本太郎氏が「衝撃を受けた」という伝説を持つ火焔型土器。縄文中期の制作。
馬高遺跡出土・新潟県長岡市教育委員会所蔵

ヨーロッパの太古の人々が、長い寒冷期に洞窟の奥にこもり、すばらしい壁画を残したように、雪に閉じ込められた人々があまりある時間をかけて、より複雑なものを工夫したのだろうか。

縄文時代も晩期、約3000年前以降になると、土器は再びシンプルな形状になる。

これは、栽培や農耕の文化が次第に広まるなどして、冬の間にも春先からの農作業に備え、農耕器具や生活用品をつくる必要が生じたためではないかと考えられる。

本格的な農耕が始まった弥生時代の土器は、極めて実用的で、デザイン的にはあまり面白くないものに変化した。

縄文時代は、土偶や土器を見ても、その環境や生活・食習慣から生まれた、独特の高度な文化を持っていた。

縄文土器は、人類史的にもっと評価されるべきものだろう。

なにしろ、縄文時代草創期にさかのぼると、約1万3000年前から1万5000年前というから、人類最古の文明とされるメソポタミア文明のテル・アブ・フレイラ遺跡（現在のシリア北部、ユーフラテス川中流域）の全盛期にも匹敵する時代で、縄文時代の文化は、世界史から見てもすごい文化だといえる。

(図表 2) 縄文時代と世界史の比較

年代	時代区分		世界の出来事	おもな遺跡
紀元前 13,000年頃	旧石器時代		・人類最古の文明とされるテル・アブ・フレイラ遺跡	岩宿遺跡（群馬） 福井洞穴（長崎）
紀元前 9,000年頃	縄文時代	草創期		大平山元遺跡（北海道） 鳥浜貝塚（福井）
紀元前 5,000年頃	縄文時代	早期	・長江下流域で稲作が始まる	上野原遺跡（鹿児島） 夏島貝塚（神奈川）
紀元前 3,000年頃	縄文時代	前期	・中国文明の始まり ・メソポタミア文明の始まり	三内丸山遺跡（青森）
紀元前 2,000年頃	縄文時代	中期	・クフ王のピラミッド建設 ・インダス文明の始まり	棚畑遺跡（長野）
紀元前 1,000年頃	縄文時代	後期	・ハンムラビ法典ができる ・殷王朝の成立 ・ツタンカーメン王即位	大湯環状列石（青森） 大森貝塚（東京）
紀元前 300年頃	縄文時代	晩期	・春秋時代	亀ヶ岡遺跡（青森）
	弥生時代		・秦の中国統一 ・コロッセウム建設	吉野ヶ里遺跡（佐賀）

約 1 万 5000 年前から 1 万年以上にわたって独自の高度な文化を持っていた縄文時代。

2 古代の高層建築・三内丸山遺跡が示唆するもの

縄文人は、なんのために柱を立てたのか

縄文時代人の「理系力」を如実に示すのが、その建築技術だ。

古代に高さ十数メートルほどの「高層建築」がつくられていた。世界の古代文明で、高層建築というと、エジプトのピラミッドが思い浮かぶが、この建設は紀元前2500年ごろとされる。

ところが、日本の縄文時代の遺跡で、現在、確認されている建築で古いものは、約5500年から4000年前のものとされている。ピラミッドとはその構造も大きさも違うとはいえ、年代だけを見れば、エジプト文明よりはるかに古い時代の建築で、古代の日本人が、いかに優れた建築技術を持っていたかがわかる。

青森県青森市の「三内丸山遺跡《さんないまるやま》」は、3層の掘立柱《ほったてばしら》建築でよく知られている。

この遺跡が本格的に調査され、貴重な遺跡であることが明らかになったのは、1992年のことで、比較的最近になって、日本全国に知られることとなった遺跡だ。

なにしろ、機械などなにもない時代に、高さ十数メートルの巨木を6本も立てた。その技術がまずすごい。恐らく「てこの原理」を用いながら、大勢で多数の縄を引いて巨木を立てたのだろう。のちの飛鳥時代にも、同じような方法で五重塔の「心柱《しんばしら》」を立てたという記録がある。

しかも、縄文時代に、ただ柱を立てただけではなく、6本の柱を立てるまでは、支柱などで支えて、とりあえず仮に固定する技術も持っていたことになる。

実は、この遺跡自体が存在することは、江戸時代からすでに知られていた。弘前《ひろさき》藩の諸事情を記録した『永禄日記』には、江戸時代初頭の元和9（1613）年正月に、多量の土偶が出土したことが記され、江戸時代後期の国学者・菅江真澄《すがえますみ》の紀行文『栖家《すみか》の山』には、寛政8（1796）年4月に三内の村で瓦や甕《かめ》、土偶の破片のようなものが見つかったことが記録されている。

最近になって調査がおこなわれたきっかけは、この地に新たに県営野球場を建設する計画が持ち上がったことだった。事前調査の結果、この遺跡がただの遺跡ではなく、大規模な集落のあとであることが判明した。

1994（平成6）年に、前述の高層建築のための巨大なクリの柱跡が6本見つかるに至って、青森県はすでに着工していた野球場の建設を中止し、遺跡を保存することにしたのだ。

詳しく調査した結果、この遺跡が日本最大級の縄文集落跡であることがわかった。間一髪、貴重な遺跡が野球場にされるのをまぬかれたわけだ。

巨大な掘立柱建物跡が示すもの

三内丸山遺跡は、約5500年前から4000年前の縄文時代の集落跡で、かなりの長期間にわたって定住生活が営まれていた。約40ヘクタール（東京ドーム8個強の面積）の広大な敷地に、実にさまざまな遺構が見つかった。

発掘調査で見つかったのは、以下のような錚々《そうそう》たる遺構。

大型竪穴《たてあな》住居跡、竪穴住居跡、おとなの墓、子どもの墓、大型掘立柱建物群、掘立柱建物群、貯蔵穴、粘土採掘坑、捨て場、道路跡などなど。

なんといってもメインは、大型掘立柱建物跡だ。遺構としては、地面に巨大な柱を立てた穴が6カ所発掘されたわけで、当初は、それがなにを意味するのか、かなりいろいろな意見が出たようだ。

深さ2メートル、穴と穴の間隔が4・2メートルで、幅は2メートルと統一されている。穴の底面がわずかに内側に2度傾斜していることから、そこに巨大な堀立柱建物が立っていたことが推定された。

立っていたのは、直径1メートルという大きなクリの木柱で、豊富な地下水があったことと、木柱の底面と周囲が「防腐処理」のために焦がされていたことから、一部が腐らずに残っていた。

この遺構から推測されたのは、縄文時代の当時に、測量の技術があったのではないかということだ。

とくに、4・2メートルという柱穴の間隔は35センチの倍数（12倍）で、この35センチという単位が、ほかの縄文時代の遺跡でも確認されているそうだ。つまり、縄文時代の「尺度（縄文尺）」だったと考えることもできる。

この6本柱の高層建築を再現する建物を、もともと建物があったと思われる場所のすぐ脇に再現することが決まった。

ところが、その6本の柱の上の構造がどんな構築物だったのかは、想像するほかない。

発掘されたのは、柱の穴とクリ材の柱の底部だけだったので、単に6本の柱が立っていたのか、それとも、屋根が付いているような本格的な建物だったのかがまったくわからない。

どのような掘立柱建物を再現すればいいのか、専門家や建築会社をまじえて、「再現プロジェクトチーム」がつくられ、考証と施工がおこなわれた。

さまざまな案が出され、掘立柱に立っていた柱が、どのくらいの高さで、上部にどんな構造物があったのか、侃々諤々《かんかんがくがく》、検討されたという。青森県や青森市側としては、観光資源となる期待を込めて、「屋根つきの建物」が好ましいと考えたらしいが、プロジェクトチームがその案には反対したという。そのあまりの大きさもあって、実際に居住をするための「屋根つき」のものではない、と考えられたようだ。

結論は、現在再現されている、14・7メートルの高さの6本柱の中途3カ所にスノコ状の床がつくられ、3層構造で屋根がないタイプの建物だった。

柱は、ロシアからはるばる運ばれてきた。これほどのクリの巨木は、現在の日本国内では、そう簡単に手に入らないという。柱1本の重さは約8トン、長さ17メートル、直径1メートル。それほどの巨木を縄文人たちは切り出し、運搬し、加工・建築に利用していたのだから驚く。

（写真４）三内丸山遺跡の大型掘立柱建物（再現）

巨大な柱を立ててつくられていた大型掘立柱建物。すでに縄文当時から測量の技術があったと推測される。

ikeda_a/Fotolia

この巨大掘立柱建物は、かなり遠方からも見えるので、この集落の権勢を誇示するためだけのものだったのかも知れない。

日本の城郭にも、軍事的な城砦《じょうさい》という意味より、権力を示す目的で建築されたものがあるので、そういう政治的なものだったとも考えられている。

高度な航海術を持っていた縄文人

縄文時代に、街道や舟の航路が整備されていたとは考えにくい。

しかし、三内丸山遺跡から出土したものを見ると、そうとう遠方との交易があったことがわかる。

出土したヒスイ（翡翠）の装飾品などは、

約500キロメートル離れている、新潟県糸魚川市周辺で産出したとみられるものがある。

首飾りや腕飾りにしたのではないかとみえる「大珠《たいしゅ》」という穴あきのヒスイの「珠《たま》」は、完成品もあれば、加工途中のものもあり、加工前の原石も見つかるので、三内丸山に原石として運ばれてきて、この地で加工されたもののもあるのかも知れない。ヒスイは、たいへん硬いので、加工には高度な技術を要する。

黒曜石は、さまざまな産地のものが青森県まで運ばれてきていて、約580キロメートル離れた長野県産のものも見つかっている。

北海道の十勝地方のものもあれば、新潟県の佐渡産のものもあって、日本海沿いの産地の黒曜石が多いことから、舟で運ばれたと想像されている。

黒曜石は、ガラスのように鋭く割れる石で、ナイフのように使って、獣の肉を裂いたり、切ったりする時に用いられたのだろう。

生活必需品なので、交易では必ず取り扱われただろう。そのために日本各地からはるばるやってきているのだと思われる。

このほか、コハク（琥珀）なども200キロメートル程度離れているところから運ばれてきている。

縄文時代の舟は、現代からすれば簡素なつくりのものだったことは間違いない。にもかかわらず、片道数百キロメートルにもおよぶ大旅行を可能にしたその高度な航海術には感服するしかない。

日本オリジナルの「漆塗《うるし》り」の職人技

装飾品は、粘土や石でつくられたものも数多く見つかる。動物の骨でヘアピンのようなものやペンダントのようなものもつくられた。

中には、赤漆《あかうるし》が塗られた櫛《くし》なども出土している。縄文人は、漆も利用していたのだ。

漆製品は、以前は中国大陸での3600年前くらいの出土品が最も古いと考えられていた。しかし、2001年に北海道函館市の「垣ノ島B遺跡」から発見された赤漆塗りの副葬品が、約9000年前のものと確認されているそうだ。

漆は、現代でも「職人技」で製造される高度な工芸品なのに、縄文時代の早期（約1万年前～7000年前）からつくられていたというから驚かされる。漆には、「抗菌力」や「防腐力」があって、木が腐るのを防ぐので古代から利用されたようだ。

漆器は、英語で「ジャパン」という。漆の技術は紛れもなく日本が世界に誇るオリジナル文化といっていいだろう。

各地の貝塚からは、釣針、銛《もり》など骨でつくられた骨角器《こっかくき》とともに、漁労のための網に使われたと見られる石や、土でできた「錘《おもり》」が出土する。

この出土品から、当時、網を使った、比較的高度な漁もおこなわれていたことが想像されている。

縄文の集落の晩ご飯は、クリやドングリの煮物、焼き魚に煮魚、小動物の焼き肉など、意外に豊かだったのではないか。あの巨大な竪穴住居の中に集落の人々がなにかの祝い事や相談事で集まって、焚き火を囲みながら豊かな夕餉《ゆうげ》を楽しんだのだろう。

そんな団らんの中で、漆塗り装飾品などの細工の巧みさを、競い合い、教え合っていたと思われる。

第2章

古《いにしえ》より現代に受け継がれる〝ものづくりの神髄〟

1 世界最大の墳墓「大山古墳《だいせん》」はなぜつくられたのか

「世界最大の墓」に葬られているのは誰か

古代の巨大遺跡は、その時代の支配者の力量と財力、そして、その時代の「技術力」「理系力」をはかる格好の指標となる。

古代王朝の権力者は、自らの墳墓《ふんぼ》を巨大にすることで、その権勢の大きさを表現しようとしたのだろう。

日本では、古墳時代に築造された前方後円墳の「仁徳天皇陵」がある。

この古墳は、世界最大の墳墓だ。エジプトのクフ王のピラミッドより、また、中国の秦《しん》の始皇帝の巨大な陵墓《りょうぼ》より、その全長と面積において上回っている。

仁徳天皇陵は、前方後円形の墳丘の全長が約486メートル、面積10万3410平方メートルの威容だ。古墳の最大長は840メートルにおよぶ。

クフ王のピラミッドは、高さ約139メートルという巨大さと独特の外観だが、底辺の一辺は230メートルで、秦の始皇帝の陵墓は350メートル。全長と面積において仁徳

（写真５）大山古墳

最大長 840 メートルにもおよぶ世界最大の墳墓「大山古墳」の成立には謎が多い。

omune/Fotolia

天皇陵のほうが凌駕している。

ところが、この世界最大の墳墓が、実は仁徳天皇陵ではないのではないか、という議論がある。

天皇陵は、その多くを宮内庁が管理していて、宮内庁としてはこの墳墓を仁徳天皇陵と定めている。しかし、考古学者たちが、「ほかの天皇の墓ではないか」と指摘し、教科書でも、最新のものでは表現を「大山《だいせん》古墳（伝仁徳天皇陵）」、または、「大仙陵古墳（伝仁徳天皇陵）」と一歩引いたような表記に変えている。

表記に「大山」と「大仙」の2通りあるのは、江戸時代には「大山陵」の記述がある一方で、現在の正式な地名としては、所在地が

「大仙町」だからだ。

「仁徳陵」の名称が議論となっている理由は、考古学者たちの指摘で、大阪府と周辺の市にある古墳群、「百舌鳥《もず》古墳群」「古市《ふるいち》古墳群」を調べると、築造された年代に矛盾があるということからだ。

天皇陵の比定は、8世紀の『古事記』『日本書紀』、10世紀の『延喜式』に基づいておこなわれている。百舌鳥の地には、第16代の仁徳天皇陵と第17代履中《りちゅう》天皇陵、そして、第18代反正《はんぜい》天皇陵が築造されたとなっている。

ところが、考古学的に、履中天皇陵とされている堺市の「ミサンザイ古墳（伝履中天皇陵）」のほうが、「大山古墳（伝仁徳天皇陵）」より年代が古く、ミサンザイ古墳が5世紀前半、大山古墳が5世紀中ごろと、埴輪《はにわ》の観察などから分析されている。

仁徳天皇は履中天皇の父親なので、順序がおかしい。『日本書紀』には、履中天皇は父・仁徳天皇崩御の6年後に亡くなったと書かれている。

いくつかの歴史書にも記録されている日本が誇るべき「世界最大の墓」が、だれのものかはっきりしない、というのもミステリアスだ。それに加えて、なぜ、ここまでの大きさが必要だったのかということも謎だ。

一説には、中国や朝鮮半島からはるばる日本にやってきた使節団を、古墳に連れていって、その巨大さを見せることで大和朝廷の権勢を誇示するために、これほどまで大きくしたのではないか、ともいわれている。

ただ、大山古墳は、あまりにも大きく、そばにいっても全体のようすはわかりにくい。今でこそ、航空写真を撮ったり、ドローン（無人航空機）で上空から撮影することができるが、果たして当時、実際に古墳の全体像を、海外から訪問してきた使節団に誇示することが本当にできたのかは不明だ。

工事のための調査で出土した謎の数々

現在、宮内庁の管理下にあるため、発掘調査はもちろん、陵墓への出入りもできない。江戸時代には陵墓まで見物できたという話もあるが、明治以降は、一般の出入りは完全に禁止となった。

２０１８（平成30）年11月に、限定的だが陵墓の将来の保全工事に向けた基礎情報を収集するためとして、宮内庁が初めて地元自治体と共同で発掘をおこなった。

墳丘を取り巻く3重の周濠のうち、墳丘に最も近い「第１濠」とその外側の「第２濠」

に挟まれた「第1堤《つつみ》」が調査された。

陵墓の「後方（四角形）」部分の南側と東側の計9カ所で、試掘溝《しくつ》（トレンチ。長さ7〜10メートル、幅約2メートル）を掘ってみたのだ。

この周濠の「堤」のごく一部の発掘調査でも、試掘溝の3カ所の、深さ30〜40センチメートルのところで、列状に並んだ円筒埴輪《えんとう》がそれぞれ4〜5本確認された。現状では、埴輪は割れているが、元は高さ80センチメートルくらいの大きな埴輪だったと見られている。

また、敷石のような大量の丸石が見つかった。びっしりと敷かれた石は、当時は通路のように使われたようにも見える。

このほんの一部の発掘でも、どんどん謎めいた出土品が出てくる。本格的な中央の陵墓・墳丘の調査がいよいよ必要だと感じさせられる。

ところで、この陵墓は明治のはじめにかなり本格的な発掘がおこなわれたことがあるのだ。その経緯について、次項で説明したい。

明治の「墳墓発掘」でわかったこと

1872（明治5）年、明治新政府ができて間もないころ、大山古墳がある旧堺県（現大阪府南西部〜東部と奈良県）では、元薩摩藩士の税所篤《さいしょあつし》が前年から「県令（県の長官）」となっていた。

堺県県令の税所氏は、鳥の巣ができたことで、古墳（仁徳御陵）が汚れているので清掃をしたいと政府に申し出て、事実上の発掘をおこなったのだ（参照：『天皇陵古墳への招待』森浩一／筑摩書房）。

この時、すでに「前方部分」の斜面の一部が崩れて、埋葬施設が多少露出していたとも伝わる。

なにしろ、税所氏は「鳥の糞の清掃」を理由に、「石棺」部分まで発掘した。そして、「石室」の内部まで調査した。その当時、陵墓の上には30センチメートルほどの土が被さっていて、木や竹が生い茂ってもいたというから、かなり本格的な発掘をおこなわなければ、石室内部まで見ることはできない。

石室の中には石棺《せっかん》があり、石室内の空間に「甲冑《かっちゅう》・ガラスの杯・太刀金具」などがあったという。

こうした副葬品と見られるものは、元に戻したのか、持ち出したのか、記録がほとんど残っていないようだ。調査の記録は、当時いちおう存在したのだが、一部を除いて関東大震災で大半が焼失した、ともいわれる。

「石棺」の図など、ごく一部の記録は堺市博物館に保管されている。

石棺の蓋は開かなかった、と伝えられている。ただ、アメリカのボストン美術館に、「仁徳陵出土」とされている「銅鏡」と「太刀の柄《つか》」が収蔵されていることから、副葬品の一部が持ち出された、売却されたことも考えられる。

この明治の発掘調査は、結果としてきちんとした記録がない。石室がだれのものかも特定されず、複数あるのかどうかも不明だ。

古代日本において、世界一巨大な墳墓を造成することを可能にした技術力と人力。それをまとめあげた人物が埋葬されていることは間違いないところだろう。いったい誰が埋葬されているのか。私たち日本人の大切な謎として将来の世代に伝わっていく。ぜひとも解明してもらいたいものだ。

2 「三種の神器」に始まる日本刀の技術

独自の製法が日本刀を世界一の刀にした

日本刀は、その外観、切れ味、構えた時のバランスが世界でも例のない、高度な刀剣として評価される。

ヒゲを剃ることもできるほどの繊細な切れ味（お勧めはしないが）、束ねた青竹を切り裂く強靱《きょうじん》さ、そしてなにより、くろがねの深い輝きを秘めた美しさが見る者をどこまでも魅了してやまない。

のちに詳述するが、刀匠たちが精魂込めて打った「玉鋼《たまはがね》」と呼ばれる日本独自の製法の鉄でつくられていることが、その美観と切れ味、強靱さの原点だが、それだけではない。

玉鋼を鎚《つち》で叩き、水に入れて急冷し、よぶんな炭素を減らす。そして、鋼を組み合わせて、4つの部位で構成する。

「芯」となる「心金《しんがね》」、側面の「側金《がわがね》」、峰（棟）の部分の「棟金《むねがね》」、刃部分の「刃金《はのかね》」という4種類の鋼を積み重ね、何度も熱して鍛え接合＝「鍛接《たんせつ》」をおこなうのだ。

数十回の鍛錬、そして、鍛接がおこなわれ、刀の形に打ち延ばされる「素延《すの》べ」が施されて、先端を三角に切り落とし、硬い「刃金」だけが刃の側にくるようにする。

小槌で形を叩き整えて、加熱、かんな削り、研ぎ、焼き入れ、仕上げをおこなって完成する。

これらの工程には、数多くの職人が関わる。刀身をつくる「刀工」、「刀匠」「刀鍛冶」とも呼ばれる。刀身の研ぎをおこなう「研ぎ師」、鞘の製作をおこなう「鞘師《さやし》」、鍔《つば》などの金属部分を製作する「銀師《しろがねし》」、そして「柄巻師《つかまきし》」、以下、装飾をおこなう「塗師《ぬりし》」、「蒔絵《まきえ》師《し》」、「金工師《きんこうし》」などだ。それは近代の最先端工業製品の生産ラインの原風景ともいえる。

日本刀づくりが、原材料の「砂鉄」の精錬、鋼の加工から仕上げまでの総合芸術であることがわかる。

そして、「折れず、曲がらず、よく切れる」日本刀として結実する。

日本刀が高度な鍛造技術を得た理由

日本刀は、世界中にその愛好家が多く、現在、日本の若者たちの間でも一つのブームになっている。日本の若者が日本刀を実際に購入するわけではないが、歴代の名刀が「ゲーム」のキャラクターになり、女性ファンが「刀剣女子」と呼ばれているほど、関心が非常に高

（図表３）日本刀の鋼の構成

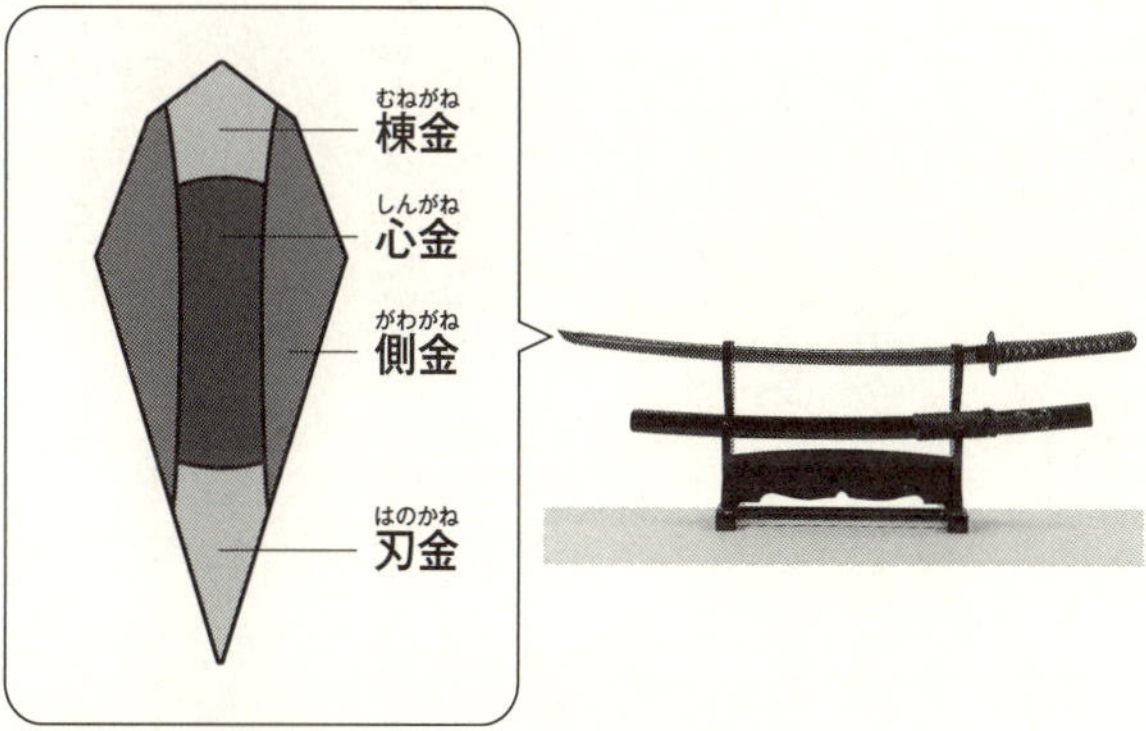

「折れず、曲がらず、よく切れる」高度な刀剣として世界でも高く評価されている。

Per-Bogel/Shutterstock.com

いことは確かだ。

日本刀の鍛造技術は、世界に冠たるものである。その起源は、弥生時代にさかのぼる。優れた製鉄方法として知られているのが「たたら」だ。原料として砂鉄と木炭が用いられる。

山陰地方の島根県東部では、約１４００年以上前から「たたら」による鉄づくりがおこなわれた。

たたらというのは、粘土でつくった炉で木炭と砂鉄を入れて熱し、精錬する技術のことだ。三日三晩、「ふいご」という送風器で炉に風を送って高温を保つ。炉内の温度は、最高で約１４００度にも達するという。この高い温度を発生させ、継続する技術だけでも驚いてしまう。

この木炭と砂鉄を焼く、というシンプルな方法で、日本刀の原料となる「玉鋼」という鉄をつくる。最後に、粘土の炉を壊して、鋼を取り出す。

刀剣には、武器としての機能を果たすために、「折れず、曲がらず、よく切れる」という条件が要求された。

原料となる砂鉄は、中国山地の山から採取された。砂鉄は、そもそも不純物が少ないために、より良質な鉄となる。たたらでつくった鉄を玉鋼、または、「和鋼《わこう》」と呼ぶ。

海外での鉄鉱石を原料とする製鉄法との違いは、「たたら」だと砂鉄を用いることで、高速還元が実現され、砂鉄の純粋さを、鋼の強さ、しなやかさに活かすことができる点だ。

スタジオジブリのアニメ映画『もののけ姫』で、舞台の一つとなっているのが、恐らく現在の島根県あたりの山中と想定された、たたらによる製鉄の現場だ。

アニメ映画の中でも「たたら場」の周辺は、木がほとんど伐採されて山肌が露出している。現実の現場でも、たたらの燃料とする木炭を得るために、山林は伐採されてしまった。

しかし、実際には、伐採された山々には、植林がおこなわれ、燃料の木材が枯渇しないように計画的営林が実施された。『もののけ姫』のテーマの一つである「人間と自然との共存」

が、たたら製鉄でも重要だったのだ。

山から採取した約10トンの砂鉄と約12トンの木炭から、およそ2〜2・5トンの玉鋼が得られるそうだ。その玉鋼が、全国の刀づくりをおこなう「刀匠」に分配される。

刀匠が、刀を鍛えるようすは、映像で見た記憶がだれしもあるだろう。灼熱の鋼を、ひたすら打ち続ける過酷な作業だ。

こうして、刀匠が鍛えた日本刀を、「研ぎ師」が磨き上げる。玉鋼は、磨きやすく、錆《さ》びにくいそうだ。

弥生時代に始まったたたらによる製鉄は、江戸時代中期に完成した。しかし、幕末に海外から溶鉱炉による製鉄技術が伝わり、製鉄一般の方法は、洋式の製鉄方法に取って代わる。

それでも、日本刀に最も適した鉄は玉鋼だという信念から、今でも、出雲のたたらの鉄を求める刀匠は数多いという。本来の日本刀は、「たたら」の玉鋼でないとつくれないというのが実情のようだ。

「強く、しなやか」な稀有の特性

日本刀は、この項目の冒頭で述べたように、玉鋼だけでできているのではない。含有炭素量が異なる鉄を、心金を「芯」として4種類ほど積み重ね、何度も熱して鍛えて接合する鍛接をすることで、「粘り強い」「よく切れる」刀になる。

刀の形状は、上古の「直刀」から、剣が湾曲している「彎刀《わんとう》」へと変化した。これは、馬上から地上の敵を斬る時などに斬りやすいように、湾曲が付けられたという。

時代的には、平安時代中期の「平将門の乱」のころに、反りのある彎刀に移行したといわれる。この時期は、武士が台頭したことで、合戦のたびに日本刀も改良が加えられた。

慶長年間（1596〜1615年）を境に日本刀は、それ以前のものを「古刀」、以後のものを「新刀」と呼ぶようになる。豊臣秀吉の「刀狩り」で、それまでの量産されていた粗悪なつくりの刀が一掃されたからだ。

その後は、江戸時代までたたらも発展し、名工とされる刀匠が数多く現れた。しかし、明治維新後、1876（明治9）年に廃刀令が出され、民間人は刀を持たなくなったので、刀匠は職を失った。

日本刀の「折れず」「曲がらず」という特徴は、相反する性質を持っている。「折れず」

は刀のしなやかさで確保される。ただし、しなやかすぎると刀が曲がってしまい対象物に力が伝わらず、切る役目を果たせない。「折れず」「曲がらず」は、材料工学の「靭性《じんせい》、剛性」を両立させていることになり、現代の工学でも高度な技術だ。

「よく切れる」には、しなやかに、しかし確実に力を伝えきる動作を実現しなければならない。そのために、含有炭素量を調整して、刃先は硬く、芯に向かうにつれて硬さが下がることで、実現されている。

日本刀のための鋼の高度な精錬は、のちに鉄砲や大砲の製造技術にもつながった。世界でもまれな、上古から綿々と続く製鉄の歴史は、日本人にものづくりにおける忍耐強さを身につけさせてくれた。

鉄は、忍耐強くとことんまで鍛え続けなければ、日本刀の「強さ、しなやかさ」は得られない。

古の日本人が備えていたであろう、ものづくりにおける「忍耐力」と、伝承された技の「しなやかさ」、そして一方で、伝統だけにはこだわらない発想の「切れ味」も、現代の技術者を支える大切な歴史を思い起こさせてくれる。

3 出雲大社は古代、超高層建築物だった？

「特別な神宮」出雲大社の驚くべき高さ

島根県の出雲大社は、謎の多い社《やしろ》だ。

まず、その名「出雲大社」は、「いずもたいしゃ」と呼びならわされているが、正式名は、「いずもおおやしろ」だ。

「大社《おおやしろ》」という呼び名は、出雲大社が、当時の中央政府、大和政権から特別の扱いを受けていたことの証拠となるといわれている。

出雲の歴史を記した『出雲国風土記』（733年）が、この大社のことを記録しているが、この書の中に、「出雲大社」という名前は出てこない。代わりに、「杵築大社《きづきのおおやしろ》」と呼ばれ、「出雲大社」という名称になったのは明治時代のことだという（参照：『「ハイテク」な歴史建築』志村史夫／ベスト新書）。

出雲大社は、「大社造《たいしゃづくり》」という建築様式だ。三重県の伊勢神宮などの「神明造《しんめいづくり》」とともに、神社の代表的な建築様式だ。

（写真６）出雲大社、現在の本殿

出雲大社は、伊勢神宮と並ぶ歴史的重要さと、さらなる謎を秘めている。

s_fukumura/Fotolia

外観が「円柱などを除けば、全体に直線的」な神明造に対して、大社造は、その重厚な「檜皮葺《ひわだぶき》」の大屋根などが美しい曲線を描いているのが特徴だ。

出雲大社が、ほかの神社と大きく異なることは、その「高さ」だろう。現在の社殿も、礎石から屋根の先端の「千木《ちぎ》」と呼ばれる交差した木の上端までが、約24メートルという高さなのだが、歴史にはとんでもない高さであったことが記されている。

なんと、日本の時代区分で最も古い上古の時代には、「高さ32丈」、つまり「約96メートル」だったと、大社の「社伝」には記録されている。社伝は、いわば神社自身の「歴史書」だから、ありもしないことを書くとは思えない。

ほぼ100メートルの本殿というと、ワンフロアの天井高が4メートルであれば、25階建てのビルくらいの高さだ。上古、つまり大化の改新までという時代、約1400年前に、超高層神社が存在していたことになる。

にわかには信じられないが、江戸時代の国学者・本居宣長は、随筆『玉勝間《たまかつま》』で、100メートル本殿について記している。宣長が、なんの根拠もなく記したとは思えない。本殿については、極めて精緻《せいち》な記述が残されているからだ。

その後、本殿が何度か倒壊し、平安時代（時代区分は中古）に再建された時には、高さは16丈だったとされる。約48メートルだ。

100メートルに比べれば、約半分の高さに落ち着いたとはいっても、まだ50メートル近い高さだったという。依然、高層ビル並みの高さなのだ。

本居宣長が写し取った本殿図から読み取れること

上古の100メートル超高層本殿が実在したかどうかについては、今のところ検証するすべがないが、中古＝平安時代に高さが高層の約48メートルだったという話は、その痕跡が認められる。

（写真7）出雲大社の復元模型

上古の出雲大社本殿は、高さ約100メートルの超高層建築だったとの伝承がある。
毎日新聞社提供

本居宣長の『玉勝間』に、50メートル高層本殿の平面図が紹介されている。その本殿の平面図では、建物が9カ所の柱で支えられているが、その一つひとつの柱が、「3本柱」をなにかでくくった状態だったという。

「3本×9カ所＝27本」の柱で、50メートル高層本殿を支えていた図が掲載されている。

この平面図は、宣長がわざわざ出雲まで出向いて、恐らく「門外不出」であった図面を書写したものだろう、という（参照：前掲書『「ハイテク」な歴史建築』）。『玉勝間』に、「（其の図を）写し取れり」と記述されているというから、自ら出向いて、描き写したのだろう。

ただ、これだけでは、「伝承」

でしかない。そこにもう一つ、「実証」が加わる。21世紀になって、出雲大社の境内で巨大な柱の遺構が3カ所で発掘された。

それは、宣長が図に書いた通り、「3本の柱を束にした」柱の遺構だった。束になった柱の1本は、直径約1・35メートルのスギ材。それが3本、束にされて、3本合計した直径は、約3メートルという巨大な柱だった。

青森県の三内丸山遺跡の巨大掘立柱建物の柱が、1本直径1メートル×6本だったことを思えば、高さ約15メートルで再現された三内丸山の建物の3倍以上の高さで、上古の大社本殿が築造されたとしても不思議ではない。

この本殿の遺構の木材の放射性炭素年代測定法による年代分析の結果、部材の伐採がおこなわれたのは、1228年ごろ（十三年）と判明した。鎌倉時代に造営された本殿の遺構ではないかと推定される。

これで、伝承が「史実」に急接近する。となると、「100メートル超高層本殿」も実在したのではないか、と思えてくる。

いったいどのようにして、そして、なんの目的で、上古の人々がそのような超高層大社本殿をつくったのだろうか。当時の人々は、それを見てどう思い、どう拝殿したのか、興味が尽きない。

出雲大社の歴史は、『古事記』『日本書紀』『出雲国風土記』に記録され、その内容は、多少異なって伝えられる。ただ、共通しているのは、出雲国が大和朝廷に「国を譲った」という伝承だ。

日本という国を「譲った」「譲られた」という歴史のあやと重みが、巨大超高層本殿の「存在感」なのかもしれない。

4 なぜ、奈良で「十七条の憲法」が誕生したのか

日本文明を誕生させた奈良盆地の必然性

奈良盆地の地形と気象が日本文明を誕生させた。

奈良盆地は、全周囲を山に囲まれていた。森林はエネルギーとなり、敵を防ぎ、山から清浄な水が流れ出してきた。そして、盆地中央には湿地湖が広がっていた。奈良盆地は、①安全、②エネルギー、③水資源、④水運という文明誕生のすべてのインフラが整っていた。

この奈良盆地に人々が集まり、日本文明を誕生させていったのは必然であった。そして、奈良盆地は文明を誕生させただけではなかった。文明を膨張させ、発展させうる資源を備えていた。

さらに、その資源を利用する人々の知恵と技術もあった。

豪雨と土砂崩れがもたらしたもの

文明が発展していくには、人々の膨張する欲望が満たされなければならない。欲望が満

たされない社会は停滞し、衰退していく。奈良盆地はその欲望の膨張を満たすだけの資源があった。

膨張のエンジンは、豪雨に伴う土砂崩れである。

災害が少ない奈良盆地にも、何十年かに一度、大規模な豪雨が襲ってきた。その豪雨は山々の斜面を削り、その土砂は一気に沢を下り、沢の出口で積もった。

21世紀の土砂崩れは人家に被害をもたらす。しかし、古代の奈良盆地の土砂崩れは、天からの贈り物となった。

豪雨が去った晴天の下、人々は沢の出口に集まった。そして、堆積《たいせき》した土砂を見て、歓声を上げて喜んだ。ダンプトラックもベルトコンベアーもない時代、豪雨という天の力が土砂という資源を運んできてくれた。

彼らは力を合わせ、その土砂を湖に向かって押し出していった。土砂を押し出すと同時に、排水のため、杭を打ち込んで新しい水路をつくった。押し出した土砂を平らに均《なら》し、新しい土地を造成していった。

奈良盆地の湖の周囲の全ての沢で、この作業がおこなわれた。豪雨と土砂崩れという自然の力を利用した新規開田の土木作業が、古代、奈良盆地全体で展開された。

なぜ、この地で日本最初の憲法ができたのか

奈良盆地で日本最古の条里制（土地区画制度）が誕生したのは偶然ではない。奈良盆地の土地が拡大する過程で、土地所有のルールを定める必要が出てきた。

条里制は、人々の利害衝突を制御するための制度だった。奈良では、先の事情で土地が新たに生まれる。その土地を巡って争っていては非効率だし、犠牲が多く出る。ルールに従って分かち合うのが最も効率的で合理的だ、という認識が醸成《じょうせい》されていった。

日本初の憲法は、この奈良盆地で生まれている。聖徳太子の「十七条の憲法」である。

この憲法の第一条は、「和をもって貴しとなす」である。これは憲法というよりむしろ、聖徳太子による精神的訓話であると一般にはいわれている。しかし、精神訓話ではない。

拡大する土地を争うのではなく、話し合って、分かち合っていく。「十七条の憲法」の第一条は、この現実的な土地造成の土木技術から生まれた重要な社会規範であった。

日本の「和」の文明が存在し続けた理由

文明が誕生する時には、必ず人々の協力が必要である。メソポタミア文明やエジプト文

明でも、人々は協力して大河川の洪水を制御し、川から水を引き、協力して耕作地を増やしていった。耕作地が増えていく過程で話し合い、ルールをつくって土地を分かち合っていった。

そうしなければ文明など誕生しない。文明誕生には人々の協同する意思と技術が絶対条件である。

しかし、ユーラシア大陸の周辺では、必ず巨大な暴力が湧き上がった。その暴力はすさまじい勢いで移動し、人々がつくった土地を襲い、富を略奪していく。ユーラシア大陸の世界史は、富の奪い合いの歴史となった。分かち合う文明が生き残ることは困難であった。

しかし、人類史の中で特異な文明が存在し続けた。日本文明である。日本は大陸の暴力に侵されず、21世紀まで存続した。日本は技術で条里制を生み、和の憲法を生み、律令で社会を制御する文明を21世紀まで存続させた。

分かち合い、和を大切にするという日本人を形成した精神の根底には、奈良盆地の地形と気象、そして人々の土地造成という技術があった。

5 「世界最古の木造建築」法隆寺

聖徳太子が日本にもたらしたイノベーション

聖徳太子ほど謎の多い人物も日本では珍しい。

古代の歴史書の記述によって、その人物が実在していたことは間違いなく確かなのに、具体的な姿が明らかではないのだ。

同時に、聖徳太子がおこなったイノベーションはすさまじい。

天皇家は神道を基本とするのに、聖徳太子は、中国から新たな文化・仏教を積極的に取り入れた。

仏教の寺院を次々と建立し、日本に仏教が広がる契機となった。

そして、中国の官僚制度にならって、日本に新たな官僚制度を取り入れた。

一方で、聖徳太子ゆかりの奈良の法隆寺は、後述するように「世界最古の木造建築」を擁しているが、渡来元である中国には、そのような建築は現存しない。

日本にだけ、当時の技術が伝わった証拠が残されたのか、日本でその建築技術が発達したのか、そのあたりも明らかではない。

そんな技術的な謎も含めて、聖徳太子の存在は「謎」であり続け、一方で、その業績はこんにちまではっきりと残されている。

何度かの火災に遭うも

奈良の法隆寺は、「世界最古の木造軸組建築物群《もくぞうじくぐみ》」を擁することで知られる。

その創建は、６０７（推古15）年。聖徳太子が深く関わったという。「世界最古」とされているのは、西院伽藍《さいいんがらん》と呼ばれる建築物群で、金堂、五重塔などがあり、東院伽藍には国宝の夢殿《ゆめどの》などがある。

法隆寺は、現在の奈良県生駒郡斑鳩《いかるが》町にあり、斑鳩の里は、聖徳太子が造営した斑鳩宮に始まり、太子ゆかりの仏教文化をはじめとする独特の文化が育った地といわれる。

『日本書紀』には、厩戸皇子《うまやどのおうじ》が６０１（推古９）年に、斑鳩宮の造営に着手した、と書かれている。

現在の教科書では、「聖徳太子（厩戸皇子）」（または「厩戸王（聖徳太子）」）と（　）付きで表記されることが多い。「聖徳太子」という名称は、没後少なくとも約90年以上経ってから付けられたと見られ、実際の名前ではない、という考え方が主流となっているためだ。

ただ、平安時代以降の書物では「聖徳太子」の名称が一般的となっているため、やはりこの名称を復活させるべき、という意見もある。

本題に戻る。法隆寺は、前述のように６０７年創建の「世界最古の木造軸組建築物群」としてユネスコ指定の世界遺産（文化遺産）になっている。ただし、創建後、何度か火災にあっている。

『日本書紀』に、６７０（天智９）年に「法隆寺が全焼」という記述があるので、それ以降に再建されたと考えられてきた。

最近のデジタル技術を用いた「年輪年代測定」で、金堂、五重塔、中門に使用されたヒノキやスギの木が、６５０年代末から６９０年代末に伐採されたものとされた。７世紀末に再建され、現在残っている建築（西院伽藍）が「世界最古」ということだ。

その中で五重塔の心柱の用材は、測定によって５９４年の伐採ではないかと発表されている。なぜ、この用材だけが古いのかという理由については、再建の際に、創建時の材料を再利用した可能性が指摘されている。

（写真８）法隆寺五重塔

屋外にある木造建築物としては世界最古である法隆寺の五重塔。1300 年もの間、風雨や震災に耐えて屹立してきた。

安ちゃん /Fotolia

法隆寺五重塔の特筆すべき特徴

法隆寺五重塔は、世界最古の木造軸組建築物の一つであると同時に、世界最古の五重塔でもある。

現在、日本には、歴史的建造物としての五重塔は80塔以上あるという。その中で、明治維新以前に建立されて、現存しているものが22塔だそうだ。

実は、現在も五重塔などの仏塔の建造は盛んで、なんと、国内で1年に1つほどのペースで建立されているという。

国内に数ある五重塔だが、1000年以上の歴史を持つものとなると、現存するのは法隆寺の五重塔以外には2塔だけ。奈良県の室生寺五重塔（建立781〜805年ごろ）、京都市の醍醐《だいご》寺五重塔（同951年）の2塔だ。
ただ、世界を見回すと、1000年以上その姿を保っている建築物というと、それこそ、エジプトや中南米のピラミッドくらいで、木造建築で現在まで残されているものは、屋外においてはないとみられている。

現代の鉄筋コンクリートなどの建物の寿命が50〜60年だというのに、木造で1000年以上、風雨に耐えて屹立しているのだからすごいというほかない。

今でこそ、五重塔の存在は、高層ビルやマンションなどにさえぎられて見つけにくいが、古の都市では、恐らく数キロ〜数十キロメートル離れたところから望むことができただろう。宗教的な意味もあるが、同時に、現代風にいえば、いわゆる「ランドマーク（地理的目印）」で、寺院の位置を示す目的もあって、高い塔が建てられたと思える。

平安時代の貴族の間では、「百塔めぐり」という遊びがあったといい、五重塔などを巡って楽しんでいたそうだ（参照：『五重塔の科学』谷村康行／日刊工業新聞社）。

京の都でも、いくつもの五重塔があるので、「あっちに行ってみよう。次はこっち」と巡ったのだろう。今でいえば、「東京スカイツリー、うちの近くからも毎日見えてるんだから、こんど一度行ってみようよ」という感じだったのかもしれない。

1000年以上も大地震に耐えてきた柔構造

そんなに高い建築物を建てて、大地震、または、台風などの強風に対して安全性は保たれるのだろうか、という心配も湧いてくる。事実、スカイツリーは、建設完成間際の2011（平成23）年3月11日に、「東日本大震災」の揺れを経験している。

実はこの地震対策で、スカイツリーと法隆寺などの五重塔との間に意外な共通点がある。心柱というユニークな構造材が、「揺れ」への対策となっている。

法隆寺の五重塔は、高さ31・5メートル。スカイツリーほどの高層建築ではない。しかし、木造のため、地震の揺れや強風は大敵となる。

ここに日本の英知が結集していた。五重塔には、1000年以上も前に耐震構造が採用されていたのだ。

五重塔は高い塔ではあるが、戦国の城のように、上層階にのぼって景色を見ることができるような構造にはなっていない。五重塔は、「卒塔婆《そとば》」の代わりとして建てられるもので、「見られる」ことはあっても、そこから「見物する」建築物ではない。

「初重《しょじゅう》」という第1層は、たいていの場合、人が入ることができるようになっていて、そこに本尊などの仏像が安置されたりしているが、上層階にのぼる構造にはなっていない場合が多い（参照：前掲書『「ハイテク」な歴史建築』）。

五重塔の内部は、「木組み」が複雑に交差していて、非常に狭い構造になっている。これが五重塔が「地震」や「強風」に耐えることができる第一の秘密だ。

また、五重塔に限らず、日本の伝統的木造建築は、そのほとんどが「柔構造」になっている。「柔構造」とは、簡単にいうと建物をガッチリつくるのではなく、揺れや強風に「柔軟に」対処する、揺れてもしなやかに変形して、「壊れない」構造のことだ。

木材と木材との間に「遊び」があることによって、地震や強風のさまざまな方向にかかるエネルギーを吸収したり、逃がしたりするつくりになっている。

スカイツリーにも採用されている心柱の秘密

もう一つの「秘密」が、先に触れた「心柱」の存在だ。

法隆寺の五重塔には、心柱という部分があることはすでに述べた。心柱とは、文字通り、「中心にある柱」だ。

ただ、そう聞くと、大黒柱のような、太くて丈夫な柱が建物全体を支えている、とイメージしてしまう。

心柱は、まったく発想が異なる。心柱は、建物を支えていない。これは、法隆寺五重塔でも、東京スカイツリーでも同じで、日本が世界に誇れるすばらしい技術である。しかも、それが1300年以上前から実用化され、21世紀の今日まで有効なのだ。

最近の高層ビルなどでは、「免震システム」や「制震システム」が採用されている。

免震とは、大地震の揺れに対して、免震ゴムなどの緩衝材や装置で建物を揺れにくくする仕組みだ。一方、制震は、建物の揺れをおもに地震動の反対側への動きを加え「制する」ことで、建物が破壊されないようにするシステムのこと。

五重塔とスカイツリーの心柱は、後者の制震システムの働きをする。

心柱という名前だから、五重塔の中心にある。しかし、建物を支えてはいない。とすると、その仕組みはどうなっているか。

法隆寺五重塔の心柱の原木は、樹齢2000年以上、太い部分の直径が2・5メートルのヒノキと見られている。この原木を断面が「8角形」になるように周囲を削り、最下部の直径が約80センチメートルに整えられた部材が使われている。

全長は約32メートル。まさに、大黒柱のように塔の中心に据えられているが、前述したように、この心柱は屋根の頂上の「相輪」を直接支えているだけで、五重塔本体の荷重は支えていない。つまり、大黒柱ではない。

建築の専門家の振動実験によると、心柱がある建物は、それがない場合の2倍以上の耐震性を示したという（参照：前掲書『「ハイテク」な歴史建築』）。

塔の本体構造の荷重を支えるのではなく、木造建築の柔構造が、揺れや強風で変形した時に、心柱はその変形が「破壊」につながらないように柔軟に機能している。

これは大きな謎である。少なくとも1300年ほど前に、日本の技術者は「大黒柱」で支えるより、そうではない心柱で、揺れや強風による変形を制したほうが破壊に至らないということを知っていたということになる。

法隆寺五重塔の心柱は、現在は基礎となる「基壇」上の石組みで支えられている。建造された当初は、そこより深い地中の礎石《そせき》（心礎《しんそ》）の上に掘立柱式に立てられる「貫通型心柱」だった。しかも、その柱の下の土中に「仏舎利《ぶっしゃり》（仏骨）」が埋められていた。これは五重塔の重みを支えていない証拠だった。

心柱は、ほかの五重塔などでは、「初重天井上」に立てられたものもあり、江戸時代後期の塔には、心柱が上から宙づりにされた懸垂《けんすい》型の構法のものもある。これらは、どちら

（図表４）１３００年の英知「心柱」の構造

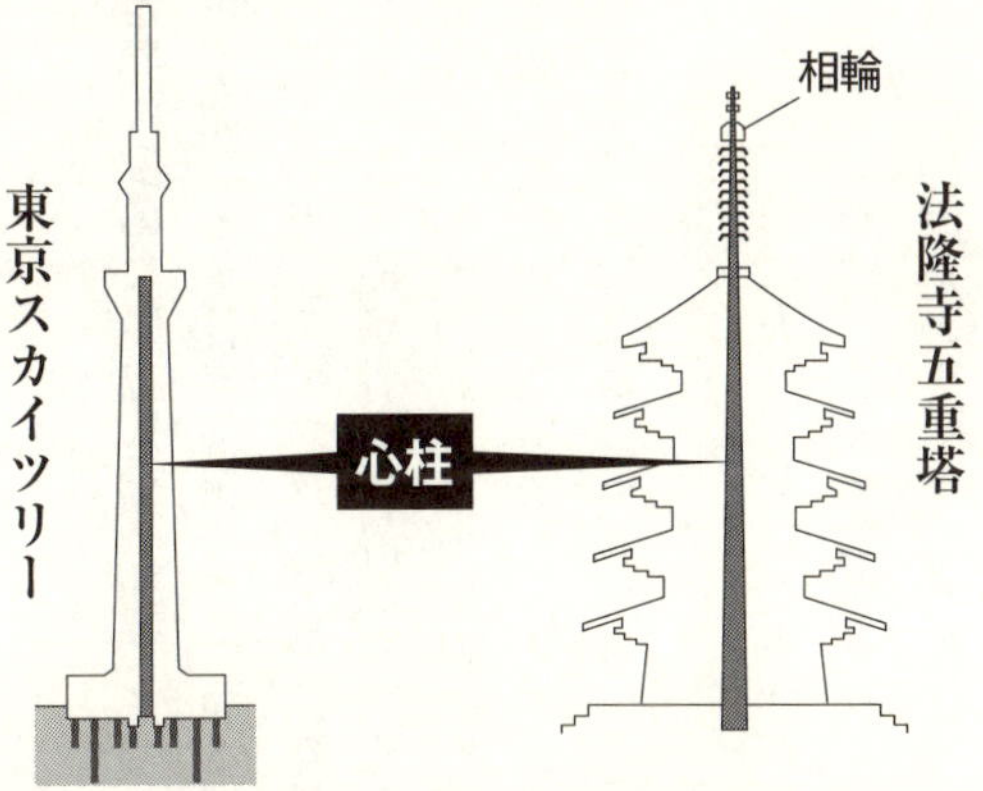

五重塔の「心柱」構造は、耐震・対強風対策として驚くべき機能を果たし、現代のスカイツリーにも受け継がれている。

も地面にさえ接していない。宙づりの懸垂型は、恐らく振り子のような原理で揺れを制する構造となっているのだろう。

そして、東京スカイツリーの心柱は、法隆寺五重塔と同じ「貫通型心柱」だ。まさに、１３００年の歴史を持つ制震システムが、スカイツリーに導入されている。これには驚かずにはいられない。

日本のような災害大国の環境の中で生まれた技術が、この心柱なのだ。１０００年を超えるこのような建築物が多数残されているという事実が、日本の「技術力」「理系力」が並々ならない高さにあり、底辺の広いものであったことを実証している。

6 世界に誇る日本酒醸造と発酵の科学

世界に例のない「並行複発酵」でつくる日本酒

『古事記』と『日本書紀』で伝わる神話に、村人を苦しめていたヤマタノオロチに酒を飲ませて酔わせ、スサノオノミコトがこれを退治した、という有名な話がある。

日本では、酒が有史以前からつくられていて、少なくとも縄文時代から酒が存在していたようだ。ヤマタノオロチ伝説の舞台である現在の島根県、出雲地方には「八塩折之酒《やしおり》」の逸話が伝わり、『古事記』には、ヤマタノオロチにこの「八塩折之酒」を8つの酒桶に満たして飲ませたとある。

そもそも、果実を収穫してしばらく貯蔵しておくと、自然に発酵して酒ができる。例えば、ブドウは、器に入れておけば果汁がしみ出し、そのうち「ブドウ酒」がいつの間にかできてしまう。酒は、恐らく世界中のどの古代文明でも、最初は偶然に得られたものだろう。

日本での酒造の文化は、最初に中国の『魏志倭人伝』に現れる。そこには、「（倭人は）葬式で歌舞とともに酒を飲んでいる」とか、「男性も女性も酒を嗜《たしな》んでいた」と、日本人が酒を好んで飲んでいたようすが描かれている。

その時代に、なにを原料として酒をつくっていたのかは今のところ知る術はないが、果実はもちろん、穀物でも条件によっては、そのつもりがなくても貯蔵しているうちに発酵して酒になっただろうし、その経験から学んで積極的に酒をおいしくつくる努力もしただろう。

『古事記』によると、前出の「八塩折之酒」は、その製法として「幾回も醸《かも》した強い酒」とあるので、この酒は、当時としてはかなり発酵状態も味わいも研究され、進んだ醸造法によるものと思われる。

米を原料として酒をつくる、つまり、日本酒づくりが始まったのは、恐らく、縄文時代の後期から弥生時代にかけて、水稲栽培が始まるのと同時だったと推定されている。

一説では、九州から近畿にかけての地域では、炊いた米を口で噛んで、唾液の酵素で発酵させる「口噛み酒」がつくられていたとも伝わっている。

マレーシアの先住民の一部など、知られている限りでは、少なくともアジアではこの酒のつくり方が現代にも継承されている。

酒づくりを「醸す」というが、この言葉の語源は実は「噛む」から来ているという説もあるくらいなので、「口噛み酒」は意外に広くおこなわれていたかも知れない。

日本酒の原料は米だが、米にはそのままでは糖分が含まれていない。ところが、発酵させるには糖分が必要となる。

そのため、日本酒づくりでは、東アジアでだけおこなわれ、それ以外に例を見ない特殊な方法を用いている。「並行複発酵」というのがその方法だ。

これは、麹の酵素によってでんぷんを糖化（ブドウ糖に変化）させながら、並行して、できたブドウ糖をアルコール発酵させ、醸造する。この2つの段階を1つの容器の中でおこなうという、珍しい醸造方法である。

並行複発酵のメカニズムは、今でこそ科学的に説明ができるが、大昔、科学的分析などできなかった古の人々は、経験を積み重ね、知恵を出し合って、その技術を確立し、各地に伝承したのだろう。

飛鳥浄御原令《あすかきよみはらりょう》（689年）のもとでは、「造酒司《みきのつかさ》」という、酒づくりや酢づくりなどの醸造をつかさどる役所が置かれ、酒部《さかべ》という部署が設置されている。律令国家を目指す中で酒造が一躍、国家的事業の一部となったわけだ。

酒部は、現在の杜氏《とうじ》に相当する醸造技術者のことも意味する。701（大宝元）年の大宝律令でさらに酒づくりは体系化された。

平安時代中期に醍醐天皇の命で編纂《へんさん》された格式の一つ『延喜式』には、米と麹、水で酒を仕込む方法が記されている。米と麹を数回に分けて仕込む「段仕込み」の原型で、かなり高度な酒造法を、朝廷の格式＝しきたりとして確立させたことになる。

その後、寺院でつくられる「僧坊酒《そうぼうしゅ》」が珍重されるようになる。

中でも、奈良の寺院でつくられた「南都《なんと》諸白《もろはく》」と呼ばれる酒が高い評価を得た。諸白とは、現在の酒づくりの基本である「麹米」と「掛け米（掛米）」の両方に精白した米を用いる方法。今日の清酒とほぼ同じつくり方だった。

鎌倉時代には、商業が盛んになるにつれて、貨幣経済が発達し、日本酒は米と同じくらいの価値を持つ商品として流通するようになった。

現在の京都府の伏見などを中心として、酒蔵で酒の製造をおこなう「造り酒屋」が起こったのもこのころと考えられる。まだ、十石（１８００リットル）桶ができる前で、二石くらいの甕《かめ》を並べて酒づくりをおこなっていたようだ。

一方で、武家の禁欲思想から酒の売買や製造などが禁止されることがたびたびあった。１２５２（建長４）年に鎌倉幕府が出した「沽酒《こしゅ》の禁」では、醸造、保存用としての甕を

1軒につき1つのみを残して破壊させたという。甕は、鎌倉の内だけでも3万7000個を数えたという。

鎌倉幕府滅亡後の1333年ごろからの後醍醐天皇による「建武の新政（建武の中興）」では、米が酒の原材料として大量に消費され、米価が高騰することから、酒づくりが制限され、酒屋の活動を抑制しようとした。

室町時代には、酒づくりがますます盛んになり、幕府は禁止とは反対に、酒造業者に課税して幕府の収入とする方針を採った。このためもあって、酒造業が急成長した。

日本酒の需要も増大し、現在の兵庫県の灘近辺の酒が高く評価された。

酒屋が資本力を蓄え、金融業者を兼ねることも増えた。酒屋が力をつけたことで、麹づくりも始めたため、従来、酒づくりの麹をつくっていた麹屋と対立、麹屋が消滅していくきっかけとなったほどだった。

室町時代の末期に来日してキリスト教を伝えたスペイン人の司祭で宣教師のフランシスコ・ザビエルは、所属するイエズス会への手紙の中で「（日本酒のほかに）酒はなく、その価格は高い」と書いている。

ヨーロッパでのワインと比較したのだと思われるが、技術を凝らし苦労して米から醸造した日本酒と、おもに自然に発酵したものを飲んでいたであろうワインとを比較するのは、当時としても少し評価に不公平があったかもしれない。

織田信長に関する記録を多く書き残したイエズス会のポルトガル人宣教師ルイス・フロイスも１５８１年に「我々は酒を冷やすが、日本では酒を温める」などと本国に報告している。

日本酒が、底辺の民衆は別として、少なくとも貴族や武士など社会の上層部では一般的になっていたことの表れだろう。

パスツールに先駆けていた日本酒の「酒焚《さけだき》」手法

室町時代の後半、16世紀の半ばには、当時の琉球から九州に「蒸留」の技術が伝えられ、焼酎の生産が始まった。

この焼酎も「芋酒」と称されて、酒の一大市場だった京都に入ってきている。織田信長や豊臣秀吉は、南蛮貿易を積極的におこなったので、南蛮酒として、日本酒以外の酒類も取引されるようになったと見られる。

江戸時代には、酒づくりで「酒焚」という殺菌方法がおこなわれるようになった。

酒焚がおこなわれるようになったのは江戸初期と考えられているので、この方法をワインの殺菌方法としてフランスの細菌学者ルイ・パスツールが考案した1860年ごろより、200年以上も前のこととなる。

微生物を殺菌する「低温殺菌」の方法を英語で「パスチャライゼーション」というが、これはパスツールの名前から来ている。ところが実は、江戸時代の酒づくりのほうが先駆者だったというわけだ。

同時に、江戸時代に「寒づくり」の手法も定着した。この手法が定着するまでは、日本酒は春から冬まで年に5回くらいつくられていたが、寒い冬に仕込むほうが酒の質がいいことが知られるようになった。

酒は、水や米によって味も質も変化するが、寒い時期のほうが、よぶんな空気中の雑菌が酒に紛れ込むことが少なく、より上質な酒をつくることができると経験によってわかってきたのだ。

加えて、冬の農閑期に、農民を酒づくり職人として確保できることに加えて、農民の収入も増えることから、季節的に杜氏が冬に酒づくりをするという習慣が広まったと考えられる。

江戸幕府も、米の流通をコントロールするために、酒造業に対して政治的統制を加えた。1657（明暦3）年に「酒株制度」を導入して、酒株を持っていなければ、酒造ができないように免許制にした。

1673（延宝元）年には、寒づくり以外の醸造を禁止した。これによって酒づくりは冬に限定されるという流れになったのだろう。

酒は、京都の伏見や摂津（大坂）の伊丹、兵庫県の灘などでつくられたが、もっとも大量に消費されるのは江戸だった。

そのため、関西から江戸に酒が大量に海上輸送される。関西（上方）から、江戸に送られる酒を「下《くだ》り酒」と呼んだ。

酒樽を積んで運ぶ船＝廻船は、当初は、菱垣廻船《ひがきかいせん》という江戸時代初期からの生活物資運搬のための廻船が利用されていたが、ほかの日用品も運ぶので物資を送る時間がかかってしまった。

そこで、酒樽だけを輸送するための樽廻船が生まれ、菱垣廻船とその迅速さを競争するようになった。

スピードで勝る樽廻船は、次第に菱垣廻船の積み荷を奪うようになり、結果として、樽廻船が菱垣廻船に勝るようになる。最終的に菱垣廻船は、水野忠邦の天保の改革で解散に追いやられたという。

まるで、現代の宅配便と郵便の争いのようなことが、江戸時代にも起こっていた。それが、日本酒をいかに早く運ぶかという競争が原因というのが、興味深いところである。

第3章

歴史を塗り替えた戦国期のテクノロジー

1 刀鍛治《かたなかじ》が鉄砲づくりで切り開いた「日本の中世」

日本刀の製鉄・鍛造技術でつくられた鉄砲

日本で最初に国産の鉄砲をつくったとされるのが、刀鍛冶職人の八板《やいた》清定（別名・金兵衛）だった。

1543（天文12）年に現在の鹿児島県、種子島《たねがしま》に伝来した火縄銃（鉄砲）を、そのまま模倣して製造した（1542年以前に伝来などのいくつかの説がある）。そのため当初、鉄砲は「種子島（または、種子島銃）」と呼ばれた。

「模倣して製造」というと、簡単そうに聞こえるかも知れないが、鉄砲は火薬を爆発させて弾を発射するので、部分的にかなりの強度が必要とされる。現在の鉄工所でも、そう簡単に鉄砲をつくることはできないという。

そんな高度な技術が必要な鉄砲製造を、数カ月から1年ほどで成し遂げたというからすごい。

種子島に100人あまりの乗客が乗った船が漂着したが、その船は、中国の明から来た船で、鉄砲を持つポルトガル人（2人、または3人）が乗船していた。言葉は通じなかったが、筆談で事情を聞き、この船は領主の居城のある港まで曳航《えいこう》され、領主・種子島時堯《ときたか》がポルトガル人たちと面会した。

種子島時堯は、鉄砲を実演して見せたポルトガル人から鉄砲を買い求め、家臣たちに火薬の調合方法、射撃の方法から鉄砲本体の製造法まで学ばせた。

時堯が買った鉄砲には、未知の部品が用いられていた。鉄砲そのものがまったくの「船来の未知の製品」だったが、部品としてネジが使われている金属製品自体、初めて触れるものだったという。「火薬」も非常に高品質で、日本ではまだ製造されていない品質レベルのものだったそうだ。

時堯が支払った金額は、この最初の鉄砲の価格かどうかは不明だが、国産に成功するまでは、鉄砲1挺につき2000両払ったという。

この時、鉄砲を複製するために種子島に呼び集められた中に、八板清定ら刀鍛冶の職人がいた。彼ら刀鍛冶は、数十挺《ちょう》の鉄砲を複製したという。関西の堺からも刀鍛冶が種子島を訪れ、製造技術などを学んだ。

当時のヨーロッパでは、マルコ・ポーロ（1254－1324）が『東方見聞録』で日本を「黄金の国ジパング」と呼んでその存在を伝えて以来、日本は「宝の島」として関心が集まっていた。しかし、『東方見聞録』以後200年以上、依然、「未知の島」でもあった。

そこへ、偶然がもたらした種子島へのポルトガル人の漂着で、一気にその存在が明らかになった。

当時、ポルトガルで発行された『新旧世界発見記』という本には、「西暦1542年、シャム王国に停泊していた船から3人のポルトガル人が脱走し、中国へと出航。嵐にあって陸から離れた所で見つけた東の島が日本だった。まさに物語で語られる富貴の島ジパングであるらしく、金銀と豪華なものが溢れていた（概略）」と記されているという。これ以来、ポルトガル人は頻繁に九州各地の港に来航するようになり、日本との貿易をおこなった。

鉄砲は、九州南部、関西の堺をはじめ、紀伊や近江でも量産され、日本全国にかなりのスピードで広まった。

最初に実戦で使用されたのは、薩摩国の島津氏による大隅《おおすみ》国の加治木城攻め（1549年）とされている。1550年には、京都の東山での室町幕府軍の細川晴元と三好長慶《ながよし》（摂津国守護代、晴元の元家臣）の戦いで使用され、三好側に犠牲が出たとされる。

この時期に先立って、中国・明の武将、鄭和《ていわ》（1371－1434）が東南アジアからアラビア半島、アフリカまで航海し、鉄砲はアジア各地に広まりつつあったようだ。鉄砲の伝来も、種子島への漂着より早いという伝承もあり、複数の土地に同時期に伝播したともみられている。

北条早雲以降の北条家の歴史的逸話を集めた『北条五代記』には、関東に初めて伝わった鉄砲は、1510（永正7）年に唐（当時の中国王朝は、「明」だったが、中国全般のことを「唐」と呼んだと思われる）から渡ってきたもので、ある山伏が関西から持参した、と記されている。

鉄砲がいつ日本に伝来したのかは諸説あって確定しにくいようだが、いずれにしても海外から伝来した数少ない鉄砲が、日本刀づくりの「刀鍛冶」の高度な技術で短期間のうちに大量に複製され、またたく間に日本全国に広まったという情景が、さまざまな伝承、記録からうかがえる。

信長の「長篠の戦い」が歴史に刻んだ意味

鉄砲を用いた戦いといえば、織田信長の「長篠の戦い」が多くの教科書に載っているのでよく知られているだろう。

この時の鉄砲隊を使った戦術が、後世に残るものとされている。それまでは、軍勢が多数であるほうが断然有利とされていた野戦が、鉄砲の登場とその戦法によっては、少数で多数に打ち勝つことが不可能ではなくなる、という歴史的転換点だ。

1575（天正3）年、三河国長篠城（現在の愛知県新城《しんしろ》市長篠）をめぐって、織田信長・徳川家康の連合軍と、急死した武田信玄の後継者となった武田勝頼の軍勢が戦った合戦が、長篠の戦いである。

この戦いは、甲斐国・信濃国を領国としていた武田氏が、侵攻していた家康の領国・三河から、武田信玄の死にともなって一時撤退していたが、長篠城を再び攻略しようとしたことに始まる。

信長・家康連合軍にとっては、最前線となった長篠城を守る防御の戦いだった。

一万数千の武田の大軍に対して、長篠城の守備隊はたったの500人。ただ、200挺の鉄砲や大鉄砲（のちの大筒《おおづつ》のことか）でなんとか持ちこたえていたが、いよいよ食料が尽きて落城必至となり、家康に援軍を要請したのだ。

すでに出陣の準備を整えていた織田信長軍3万人、徳川家康軍8000人の援軍が数日で長篠城近くの設楽原《したらがはら》に防御の陣地を設営した。

川や丘陵を堀と土塁の代わりとして陣地を構え、最強を誇っていた武田軍の騎馬隊をくい止めるための多数の「馬防柵」を信長・家康軍は構築した。当時としては異例の「野戦のための築城」となった。

信長・家康連合軍は、武田騎馬隊の特技ともいえる野戦で、武田軍を誘い込もうという戦術を取った。相手を誘っておいて、自軍に有利な地形におびき寄せ、鉄砲隊を馬防柵と三重の土塁で守りながら迎撃する戦法だった。

この異例の戦法をとった背景には、信長が、ヨーロッパから訪れていた宣教師たちから西洋での戦法を聞き知っていたのではないか、ともいわれる。

実はこの時、武田氏の家臣たちは、信長の軍勢が到着したことを知って、武田軍の大将である武田勝頼に撤退を進言したともいわれる。しかし、信玄の死後、武田家を継いだばかりの勝頼は、決戦を決定し、１万２０００人の軍勢を設楽原に向かわせた。

信長・家康軍は、万全の構えで待ち受けながらも、３万の軍勢を相手から見えにくくするように展開して布陣したともいわれる。

加えて、信長は、長篠城を包囲するために残されていた武田軍３０００人を後方から別働隊約４０００人で合戦の前日の深夜、奇襲攻撃し、武田軍を圧倒、敗走させ、まず長篠城の救援に成功した。

翌日、早朝、武田軍の本隊が信長・家康軍と設楽原で合戦となった。

この時、信長軍は当時最新兵器だった鉄砲を約3000挺用意したともいう（1000〜1500挺程度という説もある）。さらに、有名な「鉄砲三段撃ち」という新戦法で、武田騎馬隊を迎撃した。

鉄砲三段撃ちは、鉄砲隊を3つの隊に分け、撃った隊が後ろに下がって「弾込め」をおこない、即座に次の隊が射撃をするという連射をおこなうことで、敵軍に継続して打撃を与える戦法だ。

当時の鉄砲は、火薬と弾丸を銃口から込める「先込め式」だったので、一発発射すると次の弾丸を込めるのに時間がかかる。鉄砲隊が一斉射撃をおこなうと、弾が当たらなかった敵兵が、自陣内に騎馬や鑓《やり》（槍）などで突撃してくることを許してしまう。

ただし、この三段撃ちは、史実としては実際に採用されたのか確かな記録がないようだ。

しかし、その後、ヨーロッパで軍事教練の一般化とともにおこなわれたようで、信長が側近とした宣教師から、新戦法として学んでいた可能性は捨てきれない。

いずれにせよ、長篠の戦いの結果、織田信長は、天下取りに大きく歩を進め、徳川家康は、

（図表５）長篠合戦図屏風

世界にも誇れる日本刀の高度な製鉄、鍛造技術。それを引き継いだ鉄砲製造の技術力が時代を大きく動かした。

長浜城歴史博物館蔵

三河の実権を確実なものにした。

一方の武田氏は、戦いで重臣を数多く失い、戦いののちに反信長勢力と同盟を結ぶ努力をしたが、数年後に織田・徳川連合軍に本格的に侵攻され、滅亡するに至った。

信長の天下取り、そして、のちの徳川幕府につながる、まさに天下分け目の決戦の一つとなったのがこの戦いだった。

日本刀づくりで育まれた、世界にも誇れる高度な製鉄と鍛造の技術が日本の歴史を変えた瞬間だったといえる。

2 「日本の城」のロマンとテクノロジー

400年、その威容と技を今に伝える「天守」

日本の城には、この国の建築技術と軍事戦略の粋《すい》が凝らされている。

世界遺産・姫路城（兵庫県姫路市）を例に挙げるまでもなく、城の建築としての完成度は、世界に冠たるものだ。

とくに、戦国時代から江戸時代前半にかけて完成された日本の城の形態は、そのものが芸術品のようだ。

威容を誇る「天守」のデザインを初めとして、「櫓《やぐら》」「曲輪《くるわ》」や「虎口《こぐち》」（後述）などの防御システムとしての工夫や鉄砲狭間《ざま》、弓狭間の幾何学的な美しさは格別だ。

そして、なにより、緻密に組み上げられた石垣の堅牢さとその描く曲線は、日本の城独特の意匠と高度な技術が駆使されている。

江戸時代以前に築造されて、太平洋戦争でも焼失することなく現存している天守を「現存天守」と呼び、12カ所ある。その多くは、約400年間、当時のままの姿を保ち、国宝

（写真9）姫路城

世界遺産・姫路城に代表される日本の城の建築物としての完成度は、世界に冠たるものだ。

shutteroly/Shutterstock.com

となっている天守もある。

日本の技術の粋ともいえるこれらの天守は、維持・保存にも伝統的城郭建築の技法が守られている。

武士の「館」が「城」に発展

日本の城の起源は弥生時代にさかのぼる。弥生時代に農耕が広まるにつれて、村落ごとに富も集約され、その富、米などの収穫物を保存し、外敵から守るための堀を周囲にめぐらせた「環濠《かんごう》集落」が生まれた。

水をたたえた堀の場合に「氵」の「環濠」といい、水のない堀の場合は「環壕」として区別することもある。

実は、縄文時代の遺跡でも環濠集落の例が

ある。北海道苫小牧市の静川16遺跡からは、深さ2メートル、幅1〜2メートルのV字状の溝が数十メートルの楕円形にめぐらされた遺構が見つかっている。

ただ、この遺構が、集落を守るためのものか、祭祀などのためのものかは判然としていないそうだ。

弥生時代後期になると、佐賀県の吉野ヶ里遺跡や大阪府、奈良県などに大規模な環濠集落の跡が見られる。

吉野ヶ里遺跡は、公益財団法人日本城郭協会が定めた「日本100名城」の一つで、「城」と認定された例ともいえるだろう。

このように、城の発祥が縄文時代、弥生時代の環濠集落であったことでもわかるが、城はもともとは居住地の防御のために生まれた。

中国の都城《とじょう》は、現在の北京の「紫禁城」がそうであるように、都市全体が城壁と堀で囲まれた「要塞」だった。しかし、日本では、都城の築城方法を参考にしながら、おもな都としては、藤原京、平城京、長岡京、平安京と築かれたが、いずれも中国の都城のような「城壁に囲まれた要塞」ではなかった。

同じころのヨーロッパでも、ドイツの「ロマンチック街道」の都市に見られるように、町全体が「教会と広場を中心とした要塞」となるような都城の形態が多くみられるが、日本では、そうした都城は発達しなかった。

平安時代の末期から実力を蓄えた武士は、戦闘が日常的だったことから、その住居が城砦のように発達した。これが、のちの「日本の城」の基本となったと考えられる。

武士たちは、自分の住居の周囲に「堀」と「土居」、また、「板塀《いたべい》」を設置して外敵の攻撃を防ぐようになった。

武家の門は、矢倉門となり、その後、「櫓」となって、出入りする人々を監視し、敵が侵入しようとした時には、そこで迎撃する重要な戦闘拠点、兼コントロールタワーとなった。敷地内の建物は、住居としての母屋と家臣が暮らす小屋、馬小屋があり、竹が植えられた。竹は、非常時の弓矢の材料となる。

こうした「館《やかた》」「屋形《やかた》」と呼ばれたものが、その後の城の構造の基本となっていく。武士たちは、自らの主人、領主や君主のことを、「お館さま」と呼ぶようになった。

鎌倉時代末期になると、武士は山の麓に館を築いて日常を過ごしながら、いざ戦いとなると山上に退却し、そこに築いた「砦」に立てこもる戦法をとった。

室町時代以降は、将軍家が大名に「屋形号」を与えるなど制度化されたことで、「御屋形さま」が尊称となった。さらに、「関東八屋形」(宇都宮氏、那須氏、結城氏ほか)など、それぞれの国の守護を屋形から出すシステムとなった。のちに、職人なども棟梁を「親方」と呼ぶようになった語源ともいわれる。

戦国時代になると、平地の「館」では敵襲に耐えられないので、武士は山の砦に生活の場を移す。このころから、主君も家臣も砦の中の屋敷に居住するようになり、その周囲に「城下町」が形成される。

戦国時代の末期には、鉄砲などの高度な武器が使われるようになったために、主君が住んでいる城を1つ守るだけでは防御ができなくなった。1つだけの城では、たとえ難攻不落の城であっても、長期間包囲されれば、やがて兵糧が尽きるからだ。

そのために、戦国武将は、勢力圏内に複数の城や砦を持つことで地域全体を支配し、守るようになった。山城《やまじろ》と呼ばれる山上の城が、初期の独特な城として、多数築城されたのには、こういった経過がある。

いざという時に、領地の背後の山の砦、山城に立てこもれば、とりあえず敵襲から身を守ることができた。

備中松山城は、標高430メートルの山頂にある典型的な山城だ。別名、高梁《たかはし》城という。

江戸時代に再建された天守や二重櫓などが重要文化財に指定されている。

岐阜県の岩村城（標高717メートル）、奈良県の高取城（標高583メートル）とともに、「日本三大山城」とされる。古い天守が現存しているのは備中松山城だけで、ほかの2つは城址だけが残されている。

日本の城の仕掛けとテクノロジー

日本の城は、それぞれ歴史の背景を持って構築された。

その時代ごとに、城に求められる機能が大きく変化したのだ。初期の山城は、敵から攻められた場合の防御には有利だったが、山の上に位置することで、飲用水が得にくかったり、平地の町と遠すぎたりすれば物資を得るのにも不便だ。

また、守りを重視したとしても、あまりに急峻《きゅうしゅん》な地形で、味方が城に援軍に来るのが遅れるようでは逆に不利になる。街道とのアクセス、河川との位置関係も重要だ。

城が築城される場所の選定を「地取《じどり》」といい、名のある城は、必然性を持ってその場所に築城されている。

城には、その地取に合わせて、地形と環境からさまざまな「仕掛け」や「テクノロジー」

が駆使されている。その基本が「縄張《なわばり》」で、「曲輪」や「石垣」の配置から城の設計のすべてが始まる。

・縄張

城の基本設計を「縄張」という。本丸、天守をどこに置くか、塀はどう配置するか、というグランドデザインのことだ。地形をどう生かすか、どんな工事をおこなうかという極めて重要な設計課程だ。

・曲輪

城の内部を区画分けしている区域のことを「曲輪」という。「郭《くるわ》」とも表記し、「城郭」の全体像そのものを構成する。

城の中心から外側に向かって、「一の曲輪（本曲輪）」、「二の曲輪」という区画がつくられる。近世の城で、「本丸」「二の丸」というのがこれにあたる。

シンプルな縄張の場合、1つだけの曲輪の場合もあるが、敵の攻撃を困難にするために複雑な縄張りが工夫される。

「一の曲輪・本丸」は城の中枢で、司令部となる。天守や領主の御殿などが置かれる。「天守曲輪」が別に置かれることもある。

「二の曲輪・二の丸」がここに隣接して置かれ、二の曲輪に武器弾薬倉庫などが置かれることが多い。多数の兵が集まることができるスペースが確保される。

「三の曲輪」が、「一、二の曲輪」の両方か、どちらか片方に隣接してつくられ、さらに広いスペースが取られることが多い。家臣や兵が滞在、または、生活する屋敷や厩《うまや》、馬場などが整備される。

籠城しての持久戦に備えて、井戸や湧き水、小川を引き入れる場所を「水の手曲輪」、または、「井戸曲輪」などと呼ぶ。

城が大きくなると、「西の丸」「北の丸」と、位置する方角から名づけられた曲輪が置かれることがある。東京・千代田区の日本武道館がある「北の丸公園」は、かつての江戸城の「北の丸」で、明治以降、近衛《このえ》師団の兵営が置かれたほどの広大な敷地だ。

・石垣、土塁

曲輪を形成するために必要なのが「塀」「堀（濠）」「石垣・土塁（土居）」などだ。

石垣は、のちに詳述するが、安土城以降に現在見られるような完成された形になった。それ以前は、縄文・弥生の昔からの土塁が基本だ。

堀がある城では、堀を掘った土を盛り土として土塁が築かれ、攻める場合は、堀を越えてさらに駆け上がらなければならない仕掛けになる。土塁の上から弓矢、鉄砲で狙撃されると、簡単には突破できない。

石垣は、室町時代半ばまで、自然石を積むことが多かったが、それ以降は、石を石垣用に加工して積み、積み方もさまざまに進歩した。

名将・加藤清正が築城した熊本市の熊本城の石垣は、緩やかな勾配が上部に行くと垂直に近くなる構造で、「武者返し」と呼ばれる形状で知られる。2016年の熊本地震で石垣の約4割が積み直しを要する被害を受けたが、1600年ごろの築造から約400年間、城を守ってきた。

・虎口、狭間

城に攻め込もうとする敵を城門部分で迎撃するのが「虎口《こぐち》」だ。

小口ともいわれ、「狭い道」を意味している。外堀、内堀を突破して、三の曲輪、二の

（図表６）城の「虎口」の例

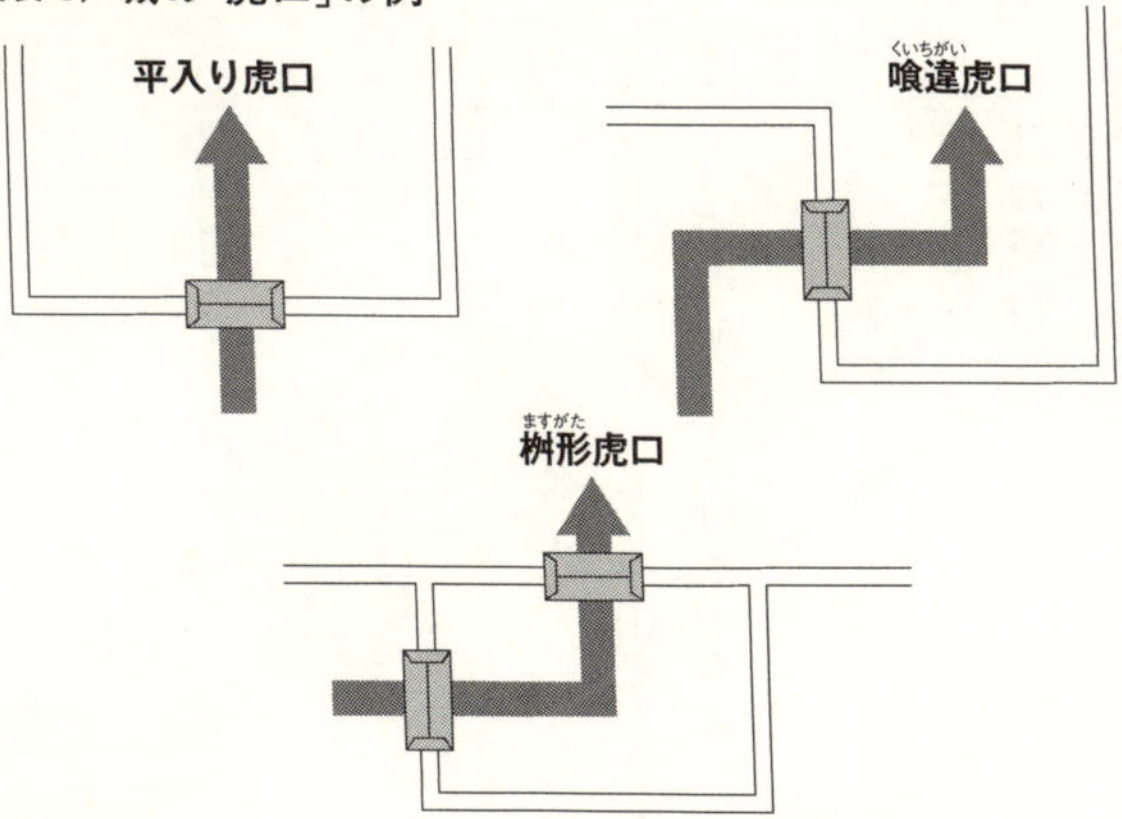

城に攻め込もうとする敵を、城門部分で迎撃するためにつくられた虎口。

曲輪に侵入しようとする敵は、「喰違《くいちがい》虎口」に行く手を阻まれる。門を入ったところに曲輪に入る手前で喰違（クランク状）や「コの字形」、または、「L字形」になった塀や土塁、堀を設け、塀や櫓の上や内側から敵を矢や鉄砲で狙撃する。

　桝形《ますがた》虎口は、侵入した敵が「枡」の中に入ったように二重の門で遮られ先に進めなくする。動けなくなった敵を、塀や櫓につくった「狭間《はざま》」から矢で射たり、鉄砲で狙撃する。それぞれ「矢狭間《やざま》」「鉄砲狭間」と呼ぶ。「矢狭間」は、弓で射やすいように、縦長の長方形、「鉄砲狭間」は、三角形や円形、正方形で、内側から撃ちやすくするために外に向かって狭くなる構造になっている。

天守や石垣に、石を落とすための「石狭間《いしざま》」がつくられていることも多い。「石落とし」とも呼ばれる。

戦国史が刻まれた天守

本格的な天守が最初につくられたのは信貴山《しぎさん》城といわれる。兵庫県伊丹市の伊丹城（有岡城）の櫓が最初の天守にあたるという説もある。伊丹城築城は年代不詳だが、南北朝時代（14世紀後半）という。

信貴山城の天守を建てたのは大和国の戦国大名・松永久秀。松永弾正《だんじょう》の名で知られる。

松永久秀は、畿内、阿波国の大名家、三好家に仕え、のちには室町幕府第13代将軍・足利義輝《よしてる》にも仕えた。三好家のもとで勢力を増した松永久秀は、一時は京都防衛を任されるほどとなった。

信貴山城は、生駒山系の信貴山に築かれた山城（山の標高437メートル）。この地取は、大和と河内を結ぶ要衝だった。伝承では、南北朝時代に楠木正成が築城したともいわれ、応仁の乱の時期に砦が築かれたとも伝わる。

城郭を最初にこの地に築いたのは、河内、山城南部の守護代・木沢長政で、1536（天文5）年のこと。木沢長政は、数年後に戦いに敗れて死去した。

十数年後の1560（永禄11）年に松永久秀が信貴山城を改修し、軍事的拠点として整備、4層の本格的天守をつくったとされる。

同じ年に松永久秀は、現在の奈良市に多聞山城《たもんやま》（多聞城）も築城し、こちらは豪華な建築を本丸に築き、政庁として利用したようだ。東大寺や興福寺を眼下に見る高台に位置し、大和支配の拠点となった。

久秀は織田信長とも同盟し、大坂の石山本願寺攻めにも参加したが、のちに信長と敵対。織田軍に多聞山城を包囲され降伏。城を差し出した。しかし、その後、信貴山城も攻略され久秀は天守に火をかけて自害したという。

まさに熾烈な合従連衡《がっしょうれんこう》、下克上の戦いが続いた戦国時代の歴史が、信貴山城天守の記憶に刻まれているのだ。

天守に込められた戦国ロマン

織田信長が築城した安土城は、その後の日本の城の手本のような存在だったと伝わる。

安土城は、現在の滋賀県近江八幡市、琵琶湖東岸の安土山（標高198メートル）につくられた山城で、現在は城址が国の特別史跡となっている。

築城は、1576（天正4）年、天守（安土城では「天主」と称される）は望楼型5層、地上6階地下1階の威容で、堅固な石垣の上に建てられた最初の天守とされる。その高さは32メートルと伝わり、現在の姫路城の天守と同規模だ（本書のカバーの円に描かれているのが安土城の復元図）。

信長の安土城築城の意図は、それまで拠点とした岐阜城（稲葉山城）より京都に近く、琵琶湖の水利がよく、北陸街道、近江路への要衝だったこと、そして、一向一揆などに備えることだった。

信長は、天主に起居し、家族は本丸、家臣は城下の屋敷に居住した。信長が「天下取り（天下布武）」を夢見た居城だった。天主の五階は八角形で、室内が障壁画で飾られ、外柱は朱色、内柱には金箔が貼られていたともいう。

天守を建てる目的は、物見櫓《ものみやぐら》としての意味もあるが、山城はもともと眺望がいい場所に地取されるので、城主の権威を誇示する目的のほうが強かっただろう。安土山からは近江平野一帯を見渡すことができる。

天守が大天守、小天守、渡り櫓などで強固に見えるつくりとされても、天守が攻撃される段階では、その戦は敗色が濃い。つまり、天守には、軍事的な意味合いはさほどないのだ。

安土城天主は、明智光秀による「本能寺の変」ののち焼失してしまった。しかし、安土城で完成された築城技術は、安土桃山時代以降、全国でつくられた近世城郭の手本となった。石垣を施工した職人集団「穴太衆《あのうしゅう》」は、その後、各地の築城に関わった。

日本の城に、どこか壮大なロマンが感じられるのは、その時代ごとに武士や民衆の思いが、城に反映されているからだろう。

山城から平城へ。時代とともに変化した城

山城が多く築城された時代から、平城《ひらじろ》、平山城と呼ばれる、比較的、平地に城の地取が変化する。

戦国時代には、それこそ「難攻不落」の城に籠城すれば、敗北することはない、という状況だった。しかし、それが大きく変化したのは、時代の要求だった。

戦国時代が終わりに近づくと、城は、大きな街道に近いほうが有利になる。城下町が発展することで、人口も増加し、食料生産も活発になり、また、領国からの税収アップも期待できる。

加えて、鉄砲や大砲が進歩したことで、小さな縄張しか確保できない山城より、平地で広い城郭を確保し、堀や曲輪を広大にするほうが防御しやすくなった。

平城は、まったくの平地に築かれたもの、平山城は、多少でも丘陵地に築かれたものと分類される。

戦国時代では、豊臣秀吉の聚楽第《じゅらくだい》、徳川家康の二条城が、その後の平城の先駆けとなったとされる。ほかに、平城の例には、名古屋城、駿府《すんぷ》城（静岡城）、広島城などがある。平地なので、攻撃に備えるために河川や湿地帯を利用して、堀を何重にもめぐらせた。

平地の平城では、山城が持つ、遠方の敵を監視する機能を持たせた望楼として、天守がつくられた。

江戸城、大坂城は、丘陵の上につくられたので、平山城に分類されることが多い。防御と、権威の象徴、そして、政治の中心、加えて城下町の発展という一石二鳥も三鳥も考えてつくられた城となっていった。

日本の城の築造技術の高度さ、そして芸術性の高さは、最初に挙げた姫路城を代表として、その完成度において世界に比類のないものだ。

そして、日本の城は木造でありながら、約４００年間、その勇姿を保ち、武士たちのロマンを今に伝える。

緻密な設計、天守、櫓、虎口、石垣などの施工技術、耐荷重計算の理系力は、現代の建築技術を超えている。先の熊本の震災後に、「石垣一本だけ」で櫓が保たれていた熊本城「飯田丸五階櫓」の姿が、その当時の技術のすごさをいみじくも証明した。

城の修復や復元には、宮大工や石工たちに伝わる伝統の技を必要とする。日本の「技と精神」を具現化、集大成し、現代に遺されたのが「日本の城」といっても過言ではないだろう。

第4章

江戸が世界一の都市になった設計力

1 家康の都市改造が江戸の繁栄と明治の躍進をつくった

江戸はかつて広大な湿地帯だった

徳川家康が江戸に幕府を置かなかったら、日本の今はなかった。

広大な関東平野に巨大な首都圏が構築されなければ、明治以降の日本の発展は実現しなかった。

しかし、家康が１５９０（天正18）年、豊臣秀吉に江戸への転封《てんぽう》を命じられた時に、今日の「江戸」＝「東京」の姿はまったくなかった。

家康は、幼い時代から「人質」を経験し、辛酸をなめてきた人物だが、「江戸転封」ほど辛く、悔しい思いはなかったほどの仕打ちだった。

家康は、１５８３（天正11）年に甲州・甲府城の建造に取り組み、ほぼその事業を完成させようとしていた時に、江戸へ行け、と命ぜられたのだ。

当時の甲府は、西日本と東国、そして、静岡を結ぶ要衝だった。

秀吉は、家康を甲府から江戸に追い出し、後継者に織田信長の遺児で自らの養子、羽柴秀勝を甲府の責任者として送り込んだ。

のちに、江戸時代には甲府は幕府直轄地としたほど重要な拠点だったが、そこから家康は、あっさりと「左遷」されてしまった。

秀吉が家康を江戸に送った名目は、１５９０年に北条氏を小田原征伐で屈服させた論功で、北条氏が支配していた関東を家康に与えるというものであった。北条氏の残党の動きを封じなければならなかった。そのためにも江戸に行け、ということだった。

秀吉の天下統一が実質的に成し遂げられた「仕上げ」のような左遷だった。

家康の家臣たちは、この理不尽な命令に怒ったという。当時の江戸は、それほどのひどい土地だったのだ。荒れ果てた江戸城からの風景は、見渡す限りの「ヨシ原」だった。

江戸がある関東平野は、縄文時代には海面が現在より5メートルほど高く、現在平地となっている多くの部分が海だった。東京都の東半分、そして、横浜市、川崎市の中央部、千葉県の海岸部なども、縄文時代には大部分が海面下だった。この状況は「縄文海進」と呼ばれている。

それは、埼玉県のかなり奥部の丘陵地帯で、貝塚が発掘されていることでも明らかだ。貝塚は海岸近くに形成される。今では「海がない県」の埼玉南部が縄文時代には海岸線だった証拠である。

家康が秀吉の命で江戸に送り込まれた時、関東平野は全体として「低湿地帯」だった。この時、関東平野には二つの川が流域を構成していた。太平洋に流れ出る鬼怒川と霞ヶ浦の流域と、もう一つは当時、現在の東京湾に流れ込んでいた利根川、荒川の流域だった。

平野は、かつて海だったので水はけが悪く、大雨が降れば増水した。関東平野には利根川、渡良瀬川、荒川が流れ込んで、増水すると何カ月間も浸水した状態だった。

単なる湿地、というより、年間、雨季の数カ月間は湖水となるような、都市建設は不可能な地帯だったといっても大袈裟ではないだろう。

左遷された江戸で家康がおこなったのは、そんな江戸の地を大きくつくり変える都市建設の巨大プロジェクトだった。

家康が1590年に江戸に入り、1600年の関ヶ原の戦いで勝利する以前に、すでに江戸で着手した工事があった。それは、日比谷入江の埋め立てだ。付近の台地を削って、江戸の城下の湿地帯を埋め立てた。

そして、その埋め立て地に武士や関西から誘ってきた漁民、町人を住まわせた。それまでは浅い干潟が続いていた。埋め立て地は、船がどん付けできる岸壁ともなった。

（図表7）江戸時代以前の関東平野の河川再現図

複数の川が流れ込む広大な湿地帯だった江戸を巨大都市に大改造した家康。現代の東京、ひいては日本の発展の礎を築いた。

提供：（財）日本地図センター
作図：財団法人リバーフロント整備センター　竹村・後藤

その後、1600（慶長5）年に関ヶ原の戦いで勝利した家康は、しばらくは京都に居を構えて、征夷大将軍の称号を得るためにさまざまな工作を朝廷に対しておこなった。

しかし、1603年に征夷大将軍の称号を得ると、家康はさっさと江戸に帰ってしまった。

この家康の江戸帰還は、日本史の謎の一つである。なぜなら、関ヶ原の戦いには勝利したが、豊臣家はまだ滅んでいなかった。

豊臣家は、大坂城でいまだ天下人のように君臨していた。当主の豊臣秀頼と、その権威を守ろうとする淀君である。豊臣家だけではない。大坂から西には、毛利家、島津家などなど天下を狙う錚々たる戦国大名が構えていた。

家康はなぜ、〝関ヶ原〟後も江戸を選んだのか

家康は、関ヶ原の戦いに勝利して、なぜ箱根を越えてさらに東の江戸に戻ったのか。天下を取るには京都の朝廷を抱え込むことが常套《じょうとう》であった。しかし、朝廷からはるか離れた江戸に戻った。なにも江戸に帰る必要はなかった。もともとの拠点だった三河(愛知県東部)や静岡、名古屋という勝手知ったる土地を選ばず、江戸を選択した。

その理由の1つは、関西、中部の森林の消失であった。森林＝エネルギー資源である。奈良、平安、室町、そして戦国時代の舞台だったこの地方の山々は禿げ山となっていた。それに比べて関東には手つかずの森林が展開していた。

さらにもう1つ理由がある。湿地帯だった関東地方の可能性を見通していたからだ。

それまでの戦国時代は、すでにほかの大名が領有している領地＝農地・農民を奪い合うだけの争いだった。土地の奪い合いはゼロサムゲームである。農民は困窮し、得られるは

ずの収穫は減ってしまう。

そこに干ばつなどで飢饉が襲い、疫病が流行れば、たとえ戦争に勝っても、なにも得るものはなく、家臣も兵士も離反し、ふたたび下克上となる。

家康はその不毛な悪循環を断とうとしたと考えられる。

確かに関西には権威を握る朝廷があり、豪商たちが戦国大名より富を持ち、世の中の動きを左右するほど影響力を持っていた。加えて、近畿、関西は国内外の物資や情報が集中する地でもあった。

それでも家康が江戸を選んだのには、遠大な戦略があった。それは、広大な湿地帯の関東平野を豊かな水田地帯に変貌させる構想だ。

1590年、秀吉に強引に移封されて以降、家康は関東平野を歩き回った。地形学者のフィールドワーク並みである。そして、利根川の洪水を銚子に向ける地形を発見して、その工事も着手していた。

そのため、征夷大将軍に任じられた家康は、江戸に飛んで帰ったのだ。

幼少期から人質とされ、織田信長、豊臣秀吉に仕えて血で血を洗う、下克上の戦国時代を戦い抜いてきた。今、天下を取って、自分がすべてを仕切ることができるとなれば、一世一代の事業を推し進める時となった。

その最も大きな事業の一つが、江戸を湿地にしていた原因の利根川と渡良瀬川の流れを東に曲げ（東遷）、江戸を通ることなく、太平洋に直接流入させる大工事だ。

この河川工事で、現在の千葉県関宿町《せきやどまち》（現・野田市北西部）の東側に利根川を流すことによって、東北から関東に攻め入る時の防衛線ともなる。東北には若き戦国大名の伊達政宗がいた。その伊達氏の南進を阻止することもできると家康は考えたかもしれない。

この大工事が完成し、利根川の流れが千葉県の東、銚子に向かったのは、1621（元和7）年、3代将軍家光の時代だった。

家康は、元和2（1616）年4月、駿府城（静岡市）ですでに亡くなっていたが、その前年1615（慶長20）年の「大坂夏の陣」で、大坂城は落城、豊臣秀頼、淀君らは自害した。豊臣宗家の滅亡を見て、家康は安堵したことだろう。

しかし、江戸幕府は利根川の開削《かいさく》をやめず、1621（元和7）年に赤堀川（茨城県古河市中田から東に流れる利根川河道《かどう》の旧称）の拡幅《かくふく》をおこない、1654（承応3）年にはこの川の川底を3間（約5・4メートル）も掘り下げて、利根川は完全に江戸をバイパスした。

すでに東北の伊達氏の脅威もなくなっていたが、関東平野の大改造という家康の遺訓を幕府は忘れなかったのだろう。利根川の拡幅と掘り下げは継続された。その後も利根川の洪水に見舞われたからだ。

１８０９（文化６）年、11代将軍家斉の時代には、利根川の川幅は約73メートルにまで拡幅されたという。

実は、明治政府になってからも、利根川（赤堀川）の拡幅工事は継続された。そして、21世紀の現在まで利根川の改修は引き継がれている。

徳川家康という人物が、数百年先を見通していたかのような「国土開発」を計画したことがわかるのが、利根川の現在の姿と、潤沢な関東平野の実りなのだ。

やがて、徳川の江戸時代を否定する形で、明治政府が樹立されたが、明治政府はそれまで朝廷が存在した京都で政権を建てたかというと、そうではなく、家康が選び、家康がつくった江戸＝東京に新政府を樹立した。

家康がいかに先を読んでいたのか、ということを証明するものでもあろう。新たな近代日本の可能性は、江戸幕府二百数十年を超越して、江戸＝東京にあったということだ。地形調査の専門技術者であった家康の勝利であった。

日本全国の富と労力を集中しておこなわれた都市改造

利根川の流れを変えて、関東を豊かな農地に改造する大工事に取りかかると同時に、家康は江戸を都市に改造し始めていた。

まず、隅田川（荒川）の洪水から江戸の町を守らねばならない。江戸の下町は大雨のたびに氾濫する「氾濫原《はんらんげん》」だった。隅田川は、洪水も起こすが、舟運で江戸の町と周辺農村を結ぶ重要な川でもあった。江戸の中心を流れる隅田川は、利根川のように流れを移動させることはできない。

そのため、堤防で江戸を守らねばならなかった。

江戸幕府が着目したのは、東京・台東区の「浅草寺《せんそうじ》」だった。

浅草寺は、現在も国内、海外から多くの観光客が訪れる東京の名所で、江戸時代以前から信仰の対象だった。

草創の由来は、628（推古36）年に、現在の隅田川（旧称・宮戸川）で、魚取りの網にかかった観音像を、645（大化元）年に僧侶が夢のお告げによって、秘仏として寺を整備したことに始まると伝わる。

942（天慶5）年には、武蔵守に任ぜられた平公雅《たいらのきんまさ》が、七堂伽藍、雷門などを建てたというから、少なくとも1000年以上前に本格的な寺として創建されていたのだ。

1000年間、洪水に遭っていない浅草寺の立地が、極めて安全な土地だということは明確であった。江戸を洪水から守るためには、小高い丘になっている浅草を起点として堤防を築けばよい。

そこで、江戸幕府は、浅草（現・浅草7丁目）から三ノ輪（現・三ノ輪2丁目）まで北西方向に、高さ3メートル、幅8メートル、総延長1・4キロメートルの大堤防を、1620（元和6）年、全国八十余州の大名に命じ、わずか60日あまりで完成させた。この堤防によって隅田川の洪水は東へ導かれ、隅田川左岸で水があふれ、右岸の江戸市街を守ることとなった。

この堤防は「日本堤《にほんづつみ》」と呼ばれ、現在の台東区の町名ともなっている（154ページ図表参照）。その名の由来は、全国の大名が「手伝い」をしたので「日本堤」と呼ばれるようになったと伝わっている。

この大工事は、全国各地の大名が徳川幕府への忠誠を示すためにおこなった「お手伝い普請《ぶしん》」で、資金も労力も大名各自が負担した。

この全国大名によるお手伝い普請は、前述の日比谷の埋め立て工事から始まった。日比谷の工事も30藩を超える大名が資金と労力を提供している。

その当時、江戸湾の海水は、皇居前の汐見坂《しおみざか》のあたりまで入り込んできた。

部下たちの住居の町づくりのため、日比谷の入江を埋め立てたかった家康は、神田から駿河台にかけての台地を削って、今の日比谷あたりから日本橋、八丁堀あたりまでを埋め立てさせた。

現在の皇居前から、海岸に向かって平坦な土地となっているのは、埋め立てた土地だからだ。

現在の荒川下流域、つまり「荒川放水路」の建設が、近代になって始められたのが1911（明治44）年。そして、1930（昭和5）年にようやく完成した。これは日本初の大型機械化工事だった。大型重機を駆使して国家が総力を挙げ、それでも20年近い工期を必要とした。

荒川放水路の工事は、現在でも近代土木史の中で偉業とされている。

一方、重機もなにもない江戸時代に、人馬、人力だけで治水の難工事に取り組んだ家康の着眼、江戸幕府の先見と、日本全国から集まった大名や多くの人々の知恵と労力に、東京の人々は21世紀の今も恩恵にあずかっている。

現在の日本堤の周辺は、全体的に盛り土がなされたので、堤防が突出してはいない。しかし、その名残は、「日本堤一、二丁目」の町名と「土手通り」の名に残されている。粋な江戸っ子たちが吉原通いで踏み固めた土手（１５７ページ図表参照）は、今では、平坦なコンクリートの大通りとなっている。

2 「和算」が築いた江戸の成長と明治の奇跡の発展

中国渡来の数学を日本独自の「和算」に昇華させた

江戸時代は、「天下太平」の時代といわれたが、高度成長の時代でもあった。

中でも、日本が江戸時代以降、東アジア諸国の中でも独自の発展を遂げた理由の一つに、「数学」が発展していたことが考えられる。

その表れの一つが、「和算」だ。

和算は、中国の数学の書を土台としながら、それを日本独特の数学に昇華させた。そのきっかけとなったのが、1622(元和8)年、毛利重能《しげよし》によって刊行された『割算書《わりざんしょ》』だった。この当時の「割算」は、掛け算も含めてすべての計算法を包括していた。

毛利の弟子、吉田光由《みつよし》が1627(寛永4)年に出版した、『塵劫記《じんこうき》』では、後述するように、生活に関係する数学についてわかりやすく書かれ、当時のベストセラーとなった。

『塵劫記』はあまりに評判となったために、似せた本が出回り、吉田は真似や偽造ができないように、多色刷りの挿し絵の『塵劫記』を出版した。このカラー版の技術は、のちに江戸文化を代表する「浮世絵」の誕生につながるのだ。

同じく毛利の弟子の今村知商《ともあき》は、１６３９（寛永16）年に刊行した『竪亥録《じゅがいろく》』で、当時の最高峰の数学の公式を漢文で表記した。

吉田はこの『竪亥録』に刺激され、『塵劫記』の新編を出した。

このように、江戸の数学者は、お互いに刺激し合い、切磋琢磨して、生活に密着した和算を民衆にも深く浸透させると同時に、さらに高度で、世界的にも最先端の数学へと発展させた。その背景を、この項目ではつぶさに見ていきたい。

農耕社会が必要とした数学の発達

江戸時代から、識字率が当時の世界でも非常に高かった日本では、「読み書き、そろばん」といわれるように、「言語能力と数学力」が、基本的な知識とされていた。

「読み書き」についていえば、19世紀後半の江戸末期に、識字率が「80％」とされるような国家は、世界のどこにも存在しなかった。それも、階級社会の中で上位とされた武士の子弟だけではなく、町のふつうの子どもたちも、都会でも地方の人々も、読み書きを学ぶ機会があり、勉学が広く奨励されていた。

時代劇では、例えば、江戸時代の中ごろの設定でも、当時の新聞である「瓦版」が町で売られると、人々が争うように手にして耳よりの情報を得ているシーンがある。つまりそれは、多くの人々が「新聞」を読むことができたということだ。

「そろばん＝数学」に関しては、もとは大陸から伝わった『九章算術』などの数学書の影響があった。そこには土地の測量や、面積から辺の長さを求める図形の問題、連立方程式などが載っていた。

土地の測量のための「数学」が必要になり、重視されるのは、古代エジプトの例でいうと、ナイル川が毎年氾濫し、土地区画が判別できなくなったためだった。日本でも同じように、洪水のあとなどに、どこまでが誰の土地だったかを正確に測量するために、数学が必要とされた。また、作物に対する年貢などの「税」の計算をおこなうためにも、面積の計算は不可欠だった。

数学は、農耕社会の安定的な運営には欠かせないからこそ、発達したのだろう。

数学が求められたもう一つの理由として「暦」の存在もある。

これも、すべての文明で農耕が発達するとともに暦が重視され、「いつ種を蒔くか」「いつ開花するのか」「いつ実るのか」「いつ収穫するか」が重要なこととなった。

農耕のための「時期の良し悪し」を知るために、古代の政治家たちは、月や星の運行、太陽の運行を重要視して、暦を作成した。

収穫を上げるための暦の改良

暦は、人類史の中でも、農耕社会になった時に発生した、もっとも古い文化といわれる。さまざまな暦が世界各地で工夫された。大きく分けて、「太陰暦《たいいんれき》」「太陰太陽暦」「太陽暦」に分類される。

人が日々生活していて、いちばんわかりやすいのが太陽の運行だ。陽が昇ることが1日の始まりで、日没が1日の終わりだ。原始の人々は、陽が何度昇ったかを木や石に刻んで、何日経つと同じ季節が巡ってくるかを知ったことだろう。

農耕をおこなうようになると、種を蒔き、開花し、収穫する時期を知らなければ、その集団の農耕はうまくいかない。

1年という概念、季節の認識が必要になる。ところが、1年を通じて、太陽は毎日、同じように出没する。そこで人々が注目したのが「月の満ち欠け」だった。月は、毎日その形を変える。そして、その周期が約30日であることにすぐに気がつく。

この周期に基づいてつくられた暦が「太陰暦」となる。これが世界各地で人類がつくり出した暦の始まりだ。

月は、正確には「29・530589日」で満ち欠けするので、29日の月と30日の月を交互に並べることで12カ月を1年とした。しかし、これでは1年は約354日になり、実際の太陽の1年＝約365日より約11日短い。

そのため、太陰暦を長年使うと、実際の季節との間に誤差が生まれてしまう。

そこで、それを調整するために「閏月《うるうづき》」を何年かに1度入れた。こうして、月と太陽の運行を調整したものを「太陰太陽暦」と呼ぶ。一例がバビロニア暦で、紀元前8世紀ごろまでに、19年間に7回、閏月を入れて、季節と帳尻を合わせていたようだ（参照：『日本の暦と和算』中村士監修／青春出版社）。

太陽の運行で1年の日数を季節と合わせたのが太陽暦で、起源は「ローマ暦」とされる。最初は、1年が304日とされ、その後、355日、さらに、365・25日と改良された。端数の0・25日を調整するために、4年に1度、2月に閏日を挿入し、1年を365日とした。これがユリウス暦だ。

それでも生じた14秒ほどの誤差を改良したのが、1582年当時のローマ法王・グレゴリウス13世で、グレゴリオ暦と呼ばれる。日本は、アジアではいち早く１８７３（明治６）年に取り入れた。

この暦を計算するための「暦法計算（暦算）」が、田畑の面積を計算したり、地図を作成したりするための測量術に応用されたのだ。

日本では、８６２（貞観４）年から「宣明暦《せんみょう》」が採用され、江戸時代の「貞享暦《じょうきょう》」への改暦まで８２３年間用いられた。

幕府の碁方だった渋川春海がつくった「大和暦」は、中国の元の「授時暦《じゅじ》」に基づいてつくられ、１６８５（貞享２）年から施行されたため、「貞享暦」と呼ばれる。

その後、宝暦暦《ほうりゃく》、寛政暦、などに改暦され、天保暦（１８４４年から）が明治になってグレゴリオ暦に改暦されるまで使用された。そのため、「旧暦」というと天保暦を指すことが多い。

江戸早期からすでに庶民にも広がっていた

江戸時代に日本独自の数学として「和算」が成立した。

江戸時代以前には、数学（算道）は一種の秘術のように扱われ、一般に公開されるような性格のものではなかった。しかし、同時に数学は、前述したように農耕社会にとって古くから必要不可欠の学術でもあった。

701（大宝元）年の大宝律令では、算博士、算師という官職が定められ、算博士は算師の育成にあたる役目とともに、『九章算術』など大陸の算書の知識が要求された。

孝徳天皇は、大化2（646）年に「聡敏くして書算《しょさん》に工《たくみ》なる者」を主政・主帳としなさい、という詔《みことのり》を出した（『日本書紀』）。数学の重要性を朝廷も認めていたのだ。

奈良時代には、大学寮《だいがくりょう》という官僚を養成する機関が置かれ、そこで「算生《さんしょう》」と呼ばれる学生が中国の数学を学んだと伝わっている。

中世には、禅寺でも僧侶の教育の一つとして『九章算術』などが教えられたようだ。また、占いの「易」は、二進法を用いるので、数学と密接な関わりがあった。

室町時代末期には、日本に「そろばん」が中国から伝来した。そろばんの起源には諸説あるが、実際に発見されたもので最古のそろばんは、ギリシャとペルシャが戦った「サラミスの海戦」で知られるギリシャのサラミス島で見つかったもので、紀元前300年ごろのものとされる。

中国では14世紀以降に広まったとされ、日本には16世紀の終わりごろに伝わったようだ。

1627年に吉田光由が著した『塵劫記』は、日常生活に必要な算術を、挿し絵を多用して容易に学べるように一冊に網羅し、江戸時代の算術書のベストセラー、かつロングセラーとなったことは前述した。

内容には、そろばんの使用法や室町時代から数学の遊戯として伝わっていた「ままこ立て」や「ねずみ算」など、実用的内容と遊びの要素がちりばめられていた。一般に算術が広まる大きなきっかけとなった。

のちに和算の大家となる関孝和や儒学者の貝原益軒《かいばらえきけん》などもこの書を独習したという。

吉田光由は、のちに『新編塵劫記』という新版を刊行し、その中に解答のない和算の問題を掲載した。この問題を解くことができるかどうかで、算術の講師の実力が見分けられるようにしたのだ。

この和算の例題は「遺題《いだい》」と呼ばれ、和算家たちは、自分で遺題を解いて解答を自著で掲載しては新たな遺題を残すという「遺題継承」と呼ばれる習慣が生まれた。

これが、のちに遺題を解いて、その解答を神社仏閣に額に書いて納めるという習慣にまで発展した。1661年ごろのことだという。これを「算額奉納」と呼んだ。

寺社に掲げる額には、庶民にとって神や仏にまつわる「ありがたい言葉」が書かれているのだから、江戸時代の早い時期から和算が庶民にもずいぶん身近になってきていたということがわかる。

関孝和という天才数学者の出現

関孝和（1642?～1708）は、江戸時代初めの生まれで、江戸または、現在の群馬県生まれという。甲府藩の徳川綱重に仕え、勘定吟味役（年貢徴収など財務担当者）を務めた。綱重の長男・綱豊《つなとよ》が徳川家宣《いえのぶ》として6代将軍に就任すると、江戸詰めとなった。

関は和算を広く発展させる方法を生み出した。それまでの算術で用いていた算木《さんぎ》を用いず、そろばんも使わずに方程式を解く「筆算」の方法を考案したのだ。

紙に、「甲」「乙」といった文字係数を書き並べることで多元方程式の解を導き出す方法で、これは画期的だった。この筆算が、日本の数学のレベルを飛躍的に向上させ、和算が中国伝来の数学から独自に発展する道筋となった。

関は、そのほかに世界に先駆ける高等数学の成果を数多く残した。

暦の作成に必要とされた円周率の計算では、1681年ごろに小数第11位（途中計算では小数第16位）まで計算した。この求め方は収束の加速法（または補外法）といい、この方法は西洋数学より１９０年以上早かったことが、世界的にも認知されている。

　また、関の没後、スイスの数学者ヤコブ・ベルヌーイが１７１３年に「ベルヌーイ数（数論の基本的係数を与える数列）」を著書で発表するが、関は生前、すでにベルヌーイ数を発見していた。

　英国の数学・物理学者アイザック・ニュートンやドイツの数学者ゴットフリート・ライプニッツと同時代の高レベルの数学研究に比肩する業績という評価もある。

　明治維新以降、和算は西洋数学に取って代わられたが、その後も関の業績は「日本数学史上最高」と評価されている。

　日本社会の読み書きそろばん能力の数学力の高さは、吉田光由の『塵劫記』が広く一般に広め、関孝和の業績によって、高等数学の世界においても高いレベルを築いたといえる。

　そして、江戸期の和算のレベル、「読み書きそろばん」の普及度が、明治時代以降の日本の飛躍的成長の基盤となったことは間違いないだろう。

3　江戸時代の天文学は世界の先端だった

ケプラーの理論を学んでいた伊能忠敬

「緯度1度間の距離」を測ることに、伊能忠敬《いのうただたか》（1745－1818）は、半生を懸けた。

蝦夷と江戸を測量すれば、その数値がわかる。そうすれば、地球の大きさがわかり、暦ももっと正確になる――そういった、たった一つの思いで、人生の後半生すべてを懸けて、蝦夷地をはじめとする、日本全国を測量した。

その時代、領地の測量などはご法度だった。とくに海岸線の測量は、外国の侵攻を招く恐れがあるとして、タブーだった。

そのタブーを破り、自らが歩き、実際に現場に行って測量するという実践行動で、測量と地図作成を達成したのだ。

伊能忠敬のユニークな点は、もともと一市民、一商人だった人物が、日本の政治や未来にも影響を与えるような大仕事を成したということだろう。

それは、明治維新をはじめとして、近代に多くの市民が政治や社会を担う、その端緒だったともいえるかもしれない。

伊能忠敬は、現在の千葉県香取市佐原《さわら》の商人で、酒、醬油の醸造、貸金業を営んでいた。1794（寛政6）年に隠居をした忠敬は、江戸で暦学を学ぶ。49歳の時だ。それまでにも忠敬は測量を学んでいて、旅行をした時に各地で測った方位や、天体観測で求めた緯度を旅行記に記している。

この背景には、佐原の町が昔から利根川の堤防決壊で大きな被害を受け、洪水後に田畑の測量をおこなう必要があり、測量や地図作成の技術を身につける必然性があったわけだ。

隠居の翌年、50歳の忠敬が念願の勉強のために江戸に居を構えた。この時、和算と暦の問題に忠敬は遭遇した。

ちょうどそのころ、江戸では、それまで使われていた宝暦暦を改めようという動きがあったのだ。

宝暦暦は、その仕組みに不具合があり、日食や月食の予報を外したり、さまざまな不都合が生じていた。

幕府は改暦をおこなうことを浅草にあった天文方《てんもんかた》（天体運行、暦の担当機関。浅草にあった）に命じたが、人材がいなかったので、天文学者の高橋至時《よしとき》と間重富《はざましげとみ》に1795（寛政7）

年、改暦の任務を与えた。

この改暦の仕事は、関係者だけの秘密としておこなわれた。しかし、忠敬はどこからか情報を得て、そのタイミングに合わせて江戸に出た可能性もあるという。忠敬はなんらかのつてを得て、同年、天文方に就いたばかりの高橋至時の弟子になったのだ。

至時は、忠敬より19歳年下の先生となった。

忠敬にはすでに暦についての基礎知識があり、「授時暦」や西洋天文学を取り入れた『暦象考成《れきしょうこうせい》上下編』、ケプラーの理論（惑星の楕円軌道に関する法則など）が取り入れられた『暦象考成後編』を順を追って学んだという。

間重富は、天体観測技術について詳しく、忠敬は重富から観測技術を学んだそうだ。

驚くのは、西洋の先端天文学を江戸時代の研究者が学んでいたということだろう。漢訳とオランダ語訳の書物で、西洋科学が江戸の人々にまで届いていた。

惑星などの天体は円運動をするもの、というのが古代ギリシャからの定説だったが、これでは、太陽系の天体の運行は説明がつかなくなるという。

それを解明したのが、ドイツの天文学者ヨハネス・ケプラーが唱えた「ケプラーの法則」だった。

現代天文学の結論としては、惑星の多くは楕円軌道を描いている。この事実を理解するのには、当時としては最先端の数学の解析力が必要だった。

伊能忠敬は、間重富を通して当時としては最先端の知識と観測機器を得ていた。そして、自宅に天文台をつくり、毎日観測をおこなっていたという。

観測していたのは、太陽の南中（真南にくること。子午線を通過すること）、緯度の測定、日食、月食などで、金星の南中を日本で初めて観測したとも伝わっている。

忠敬の天体観測と新しい暦の作成は、実は測量の実践に結びつく。

暦を正確なものにするためには、地球の大きさや、日本各地の経度、緯度を調査して、地球と太陽など、ほかの天体との関係を子細に分析する必要があった。

高橋至時らは、１７９７（寛政９）年に新しい暦「寛政暦」をつくり上げた。これは、ケプラーの法則など西洋天文学の理論、太陽と月の楕円軌道論を取り入れた日本で最初の暦法だった。

忠敬の日本全国測量の出発点

暦法をより正確にするには、地球の大きさを正確に測ることが必要だ。そのためには、緯度1度間の正確な距離を測ることがポイントになる。忠敬は、自宅の深川黒江町（現在の門前仲町1丁目）と浅草天文台（台東区浅草橋3丁目）の位置関係を観測し、自宅と浅草の天文台の緯度の差は1分とわかっていたという。

測量結果を至時に報告したところ、「両地点の緯度の差は小さすぎる。江戸から蝦夷地くらいまでの距離を測ればもっと正確な値が出るかもしれない」と言われた。

これが、伊能忠敬の日本全国測量の出発点となった。

この時、蝦夷地には帝政ロシアの圧力が高まっていた。1792（寛政4）年には、ロシアから特使アダム・ラクスマンが根室に入港して通商を要求してきた。その後、ロシア人が択捉島《えとろふ》に上陸するという事件も起こった。

日本側も蝦夷地の調査をおこなって、主権を確認しようとしている最中だった。

そこで至時は、蝦夷地の地図が必要と、幕府に地図の作成の許可を願い出た。

狙いは、蝦夷地を測量できれば、緯度（子午線）1度の距離がわかり、もっと正確な暦ができるというものだった。

そして、この大事業の担当に、忠敬が任ぜられたのだ。忠敬の測量技術や知識、経験が買われ、忠敬の財力も必要とされたようだ。

当初、幕府は至時と忠敬の測量の願い出を簡単には受け入れなかったが、やはりロシアからの圧力などを考慮したのか、最初は禁じられた「陸路での測量」を許可した。

忠敬は、それまでに培った測量の経験から、幕府の許可が下りた時から「暦」の正確化のためだけではなく、また、蝦夷地だけの測量ではなく、できれば江戸から奥州、蝦夷地までの海岸線をすべて測量し、日本全国の地図を作成したいと考えていたのかもしれない。

あるいは、1回目の蝦夷地、東北地方の測量が評価されたことで、日本全国の測量を、という野心をはっきりと抱いた可能性も十分にある。

ともあれ1800（寛政12）年6月、忠敬55歳の時に蝦夷地に向かって、奥州街道を測量しながら北上した。人足3人、馬2頭で津軽まで測量し、蝦夷地に渡って測量をおこなった。ただ、蝦夷では、測量器具を運ぶ馬は1頭しか許されないという制約の中で測量を進めた。海岸沿いを測量し、夜中は天体を観測した。

蝦夷に117日滞在し、180日かけて第1回の測量を終え、同年11月から地図を製作した。地図は1カ月ほどで完成し、提出されたという。

この蝦夷地測量で、緯度1度は「27里（約106キロメートル）余り」と測定された。

忠敬は、この蝦夷地測量で約70両以上、現在の金銭価値に換算して数百万円にもなる金額を個人負担したという。測量の手当は、その4分の1の約22両程度だったようだ。

前述のように、この測量の成果は高く評価され、忠敬は1801（享和元）年に第2次の測量も許可された。しかし、この時も幕府からの制約がいろいろとあり、結局、蝦夷地の測量はおこなわず、まず伊豆半島を測量した。

三島、箱根経由で、いったん江戸に戻って、次に房総半島を測量。宮城県から三陸を北上し、下北半島を測量した。そしてこの時は、緯度1度は「28・2里（約110キロメートル）」と計算された。

実は、この「緯度1度＝28・2里」という忠敬の報告を、当初、高橋至時は信用しなかったと伝わる。忠敬は、この態度にはかなり憤慨したようだ。しかし、その後、至時が入手したオランダ訳本『ラランデ暦書』（フランスの天文学者ラランドの著書『天文学』）に、忠敬の測量結果と一致する数字が掲載されていたことで、至時は初めて忠敬の数値を信用したという。

忠敬の大偉業の根底にあった江戸の理系力

翌1802年の第3次測量は、人足5人、馬3頭が与えられ、待遇も費用も改善された。

この時は、日本海側を重点に測量した。その後、第4次に東海、北陸、第5次、近畿、中国、第6次、四国、第7、8次、九州、第9次、伊豆諸島、と全国の測量をおこなった。

10回目の測量として、1815（文化12）年、江戸府内の街道の起点を一つにまとめる作業をおこなった。そして、1818（文政元）年、全国の地図のデータを1枚に合わせる手順にかかっていた時に忠敬は弟子たちに見守られつつ死去したという。73歳だった。

高橋至時は、すでに39歳の若さで死去（1804年）していた。至時の子・景保《かげやす》が弱冠19歳で天文方に登用されて後を継ぎ、『大日本沿海輿地全図《だいにほんえんかいよちぜんず》』の完成に関わった。1821（文政4）年、完成した地図は、高橋景保と、忠敬の孫で15歳だった伊能忠誨《ただのり》が登城し上呈した。

忠敬が遺した地図は、初めての実測による日本地図だが、江戸時代には国家機密として秘匿された。ただ、ドイツ人医師シーボルトが国外に持ち出した日本地図が、開国とともに逆輸入され、秘匿する意味はなくなってしまった。

伊能図には、縮尺3万6000分の1の大図、21万6000分の1の中図、43万2000分の1の小図がある。

伊能図の大図で、幕府に献上された正本は明治初期に皇居の火災で失われてしまった。

伊能家で保管されていた写しも関東大震災で焼失したとされるが、2001年にアメリカ議会図書館で写本207枚が見つかるなど、各地で発見され現在も全容がつかめる資料が残されている。2006年には、大図全214枚収録の『伊能大図総覧』が刊行された。

伊能忠敬がおこなった測量が正確だった最大の理由は、緯度、経度を測る天文測量を日本で初めて地図製作に取り入れたことによった。

実は、この手法の重要性は、忠敬より80年ほど以前に説かれていた。その論を説いたのは、8代将軍吉宗に仕えた数学者・建部賢弘《たけべかたひろ》で、算聖・関孝和の門人だった。これはすなわち、江戸時代の日本の数学力、理系力がかなりのレベルの状態にあり、それが伊能忠敬の大偉業の根底にあったということだろう。

4 〝江戸の華〟火事が、江戸の都市構造を変えた

大火49回。江戸は火事を契機に進化した

江戸時代、江戸の町には名物があった。それが、「江戸の華」と呼び慣わされた「火事とけんか」だ。

「けんか」は別として、江戸の町では火事が多かったのは必然であった。

１８４３（天保14）年の江戸図によると、武家地と寺社地の敷地面積だけで江戸府内の約80パーセントを占め、町人地はわずか20パーセントほどだったという。

江戸開府の当時、町人地の家はもちろん、武家地、寺社地の建物もそのほとんどが木造で、町人の住家は、土壁さえ多くはなかった。路地に入ったところにつくられた裏長屋は、間口９尺（約２・７メートル）で３～５坪（６～10畳）程度の家が板壁１枚で連なっていた。

こんな木造住宅密集地域＝「木密《もくみつ》」の状態では、火事が起これば必ずといっていいほど大火事に拡大してしまう。

江戸時代に江戸で発生した大火は、記録にあるだけで49回、大火ではないが大きめの火事を含むと約1800件にのぼるという。そのうち、7割が空っ風が吹く乾燥した冬場に発生している。

ほかの都市での大火は、江戸時代を通じて京都で9回、大坂が6回、金沢が3回で、いかに江戸の大火が多かったかがわかる。

慶長6（1601）年閏11月、被災状況が明らかではないが、江戸全体が「大火で焼亡した」と伝わる。

寛永16（1639）年3月には、上野寛永寺で出火し、五重塔や回廊などが炎上した。同年8月には、江戸城の奥の厨房から出火、本丸に延焼したが、本丸周囲の天守と多聞（石垣上の長屋）だけは焼け残った。

2年後の寛永18（1641）年1月、「桶町《おけまち》火事」が発生した。夜、京橋桶町（中央区京橋1丁目付近）から出火、翌朝まで燃え、西は麻布まで拡大、97町、1924家屋が類焼した。その中には121軒の武家屋敷が含まれた。この火事で大目付・加賀爪忠澄《かがつめただずみ》が、消防の指揮中に煙火にまかれて死亡した。

この桶町火事を機に、防火体制の根本的な見直しがおこなわれ、「大名火消《だいみょうびけし》」設置の契機となった。

「明暦の大火」が江戸の都市計画を見直すきっかけに

江戸時代を通じて「三大大火」と呼ばれる大火がある。

その最初の大火が、1657（明暦3）年の明暦の大火、別名「振袖火事」と呼ばれる。あとの2つは、1772（明和9）年の「明和の大火」と1806（文化3）年の「文化の大火」だが、その被害規模は明暦の大火の比較にならない。

三大大火と並び称されるが、その中で、飛び抜けて被害が大きかったのが明暦の大火だったのだ。

1月18日、未の刻（午後2時ごろ）、当時、本郷丸山町にあった本妙寺から出火した。現在の東大本郷キャンパスの真向かいに位置していた。

火事の原因は、16歳で亡くなった娘を供養するために、愛用していた紫縮緬《ちりめん》の振袖を火に投じたら、折からの強風に火がついた縮緬が燃えながら舞い上がり、本堂に燃え移ったのがきっかけだったとされる。

江戸市中では、前年からほとんど雨が降らず、泉も涸れる乾燥状態だったという。そこに強い北西からの風が吹いていたために、またたく間に大火となった。

本郷で出た火は、たちまちのうちに本郷の南に隣接する、現在のJR御茶ノ水駅一帯、神田駿河台にあった大名、旗本の屋敷などに延焼、内神田2丁目まで拡がった。そこに、西からの風が強まり、北西風とあいまって、日本橋、京橋、八丁堀、佃島、そして、隅田川を越えて深川（現在の江東区西部）まで燃え広がったという。

現在の、文京区南部から、千代田区、中央区の東半分が全焼した状態だった。火は、民家が途切れるところまで延焼して、翌朝、辰の刻（午前8時ごろ）にようやくいったんは鎮火した。

ところが、翌19日、巳の刻（午前10時ごろ）に、現在の文京区小石川3丁目から新たに出火。強い北風で再び、前日、延焼しなかった神田の西半分、九段下、江戸城の北の丸、本丸まで火が回った。

その時、江戸城天守の二重目の銅窓（銅板張り外壁の窓）が開いていたために火の粉が吹き込み、天守が大炎上した。富士見櫓《やぐら》、本丸、二の丸、三の丸が焼亡、将軍家綱は、西の丸に避難した。

この火災で、前日焼けなかった現在の千代田区、中央区の西側から海岸までが焼亡した。

（図表８）江戸の町の大半を消失させた明暦の大火

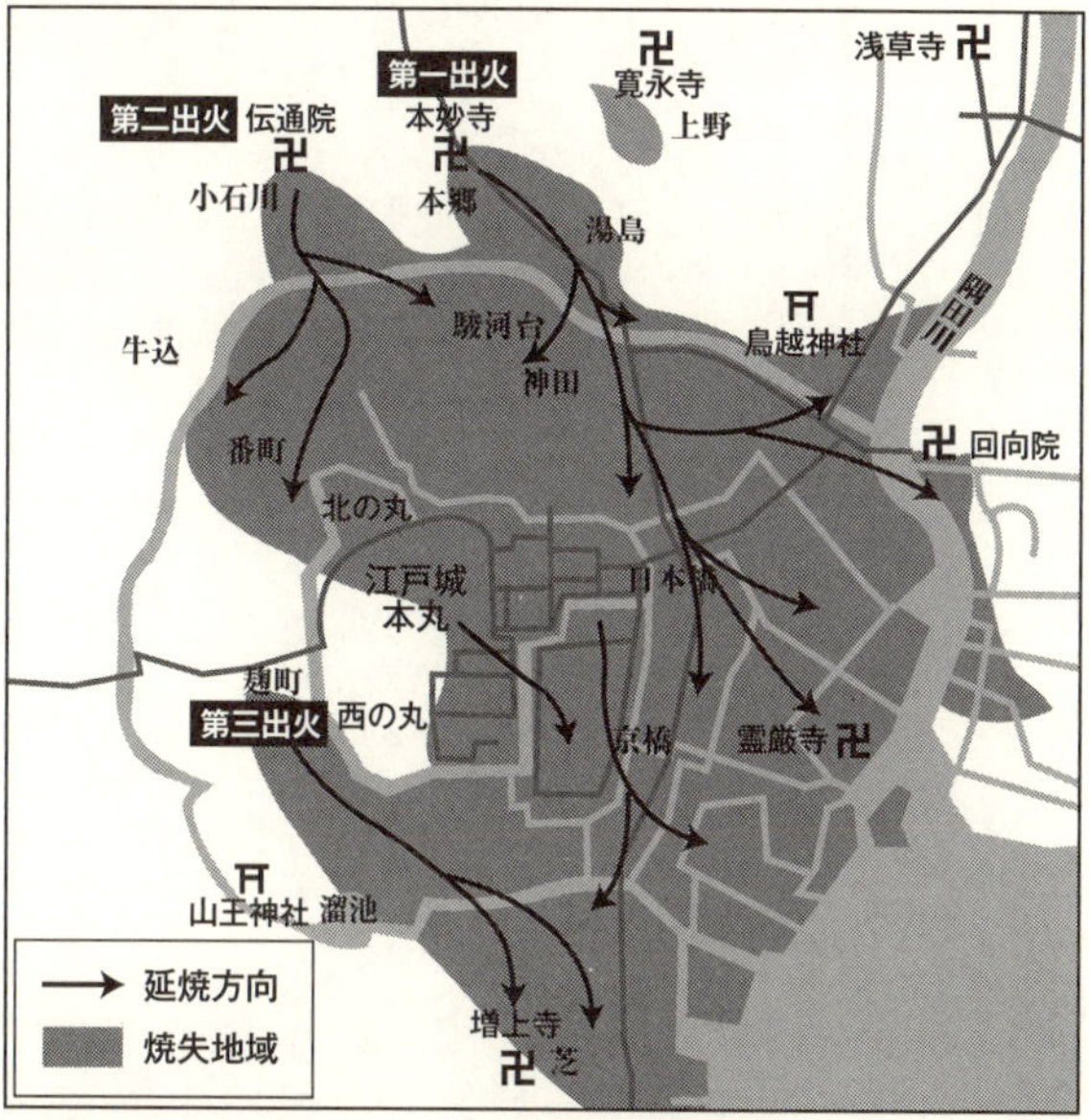

明暦の大火を教訓に、防災対策が強化され、さらに江戸の町が広がり、その都市機能を発展させていった。

出典：千代田区史、通史編

丸の内、八重洲、有楽町、新橋まで焼いてようやく鎮火した。

火災は、さらに追い打ちをかけるように、同19日、申の刻（午後4時ごろ）に麹町の町屋から三たび出火した。この時も、北風が強く吹き、半蔵門、帷子橋《かたびらばし》、一ツ橋、神田橋（大手町）まで焼亡した。

火は、桜田（霞が関）まで広がって、二手に分かれ、一つは、前日焼けなかった京橋の西側を焼き、もう一筋は、愛宕《あたご》から芝浦までを灰燼《かいじん》とした。

この2日間、3カ所からの出火によって現在の文京区南部から、千代田区の東半分、港区は虎ノ門、霞が関、愛宕、芝浦の海岸まで、まさに首都中心部をことごとく焼き尽くしたのだ。

明暦の大火での被害は、犠牲者10万7000人余（約6万～7万人など諸説あり）、約800の町が焼け、大名屋敷が約160軒、旗本屋敷が約770軒、寺社約350宇、倉庫約9000棟、橋梁約60基。江戸城は、天守をはじめとして、外堀以内のほぼ全域が焼失してしまったという。なお、天守は石垣まではつくられたが、結局、21世紀の今も再建されていない。

幕府は、本所に土地を用意して犠牲者を船で運び埋葬した。その地に建立したのが墨田区両国の回向院だ。犠牲者の多くが身元が不明の無縁仏となったため、供養のために、将軍家綱が設置した。

大火ののち、江戸の町の巡視が強化され、防火・警備担当の「定火消《じょうびけし》」が4組置かれるなど消防制度改革がおこなわれた。それまでの「大名火消」「所々火消《しょしょびけし》」などの武家火消を再編し、大名12名を選び、その後、東西南北の担当区域を4組に分けたので、「方角火《ほうがくび》消《けし》」と呼ばれた。

担当は、参勤交代で江戸に滞在している大名から選ばれ、その江戸屋敷には通常より高い「火の見櫓」が建築された。

翌年（諸説ある）、幕府直轄の「定火消」が設置され、4カ所の火消屋敷は、御茶ノ水上、麹町半蔵門外、飯田町、小石川伝通院前に設けられた。冬の北西の風による江戸城内への延焼を防ぐために、江戸城の北西に設置されたのだ。

定火消は、火事場の治安維持も担当し、鉄砲の所持が許された。定火消は毎年正月に上野東照宮で気勢を上げる「出初《でぞめ》」をおこなった。これが、消防による出初め式の始まりとされる。

江戸の都市計画。「ゼロからの出発」と「町火消《まちびけし》」誕生

防火体制を固めるだけでは江戸の町も江戸城も大火から守ることは困難だと知らしめたのが「明暦の大火」だった。この復興計画の実施の中心となったのが、会津の名君といわれた保科正之であった。

幕府は、江戸の町の中心部の大半を焼失したこともあり、災害復興をおこなう前に、江

戸の都市計画の根本からの見直しをおこなった。

家屋が密集した状態では大火は防げないとして、徳川御三家（尾張、紀州、水戸徳川家）の屋敷を江戸城外に転出、武家屋敷・大名屋敷・寺社、そして町人（住民）住家の大移動を実施した。

武家屋敷は、１３００軒余を江戸城内から、赤坂、市谷、小石川にそれぞれ移した。寺社は、70宇余を浅草、芝などに移転、そして、町人は、日本橋、京橋あたりから、本所、深川などに移転させた。

本所、深川には、武家屋敷、寺社も移って、新たな町をつくった。移転する家は３０００軒以上となった。この移転計画に莫大な費用がかかったために、幕府は、江戸城天守の再建を断念した。保科正之は天守再建より、江戸の町の安全を優先したと伝わっている。

この時、現在、中央区築地にある築地本願寺も、火災で焼失する前の浅草御門南の横山町（現・日本橋横山町）での再建が許されず、八丁堀沖の「海上」に再建することとなって、本堂再建のために海を埋め立て、土地を築いた。そこから、現在の「築地」の名がある。

また、それまで江戸の町と城の防衛体制から、隅田川に架かる橋は千住大橋だけだった。

しかし、火災で逃げ場を失った多くの人々が隅田川で溺死したため、両国橋が架橋された。人々の命を守る避難路の確保であった。この両国橋の架橋により、都市の拡大が隅田川の東へ進み、江戸の「巨大都市化の第2段階」が始まったといえる。

大規模な移転をおこなったあとに生まれた空き地を、「火除地《ひよけち》（火除明地《ひよけあきち》）」として、広大な空き地が江戸城を囲むように十数カ所、設けた。

同時に、「広小路」という幅が広い通りも整備された。広小路に沿って「火除土手」という土手もつくられた。現在の台東区の「上野広小路」は、その名残だ。

焼け跡に再建される建物には、瓦葺屋根、土蔵造などの耐火構造で建築することが奨励された。しかし、その後も、板葺き、板壁の家が主流のままだった。

その後、8代将軍吉宗の時に、武家火消とは別個に、町人による「町火消」が組織化される。1718（享保3）年に、南町奉行・大岡忠相が指揮をして、設置した。

町火消は、町奉行の指揮下に置かれ、火事の際に1町につき30人ずつ、火元周辺6町180人で消火にあたる仕組みだ。発足の3年後に、約20町ごとを1組として、隅田川から西を担当する「いろは組47組（のちに48組）」、そして、東の本所、深川を担当する16組の町火消が設置された。

これが、「纏《まとい》と幟《のぼり》」をそれぞれが持つ、歌舞伎などでおなじみの、町火消の誕生だった。そのメンバーの中心となったのが「鳶職《とびしょく》」だった。

町火消の消火方法の基本は、「破壊消火」で、延焼を防ぐために、火災現場周辺、風下の建物などを、大勢で引き倒して破壊し、燃えるものを事前に取り払う消火方法だった。

当時の長屋は、火災発生を前提として、容易に破壊できるつくりの建物が多かったという。その破壊消火には、鳶職がうってつけだった。

ほとんどの町人は、長屋などの借家住まいなので、火災が起きたら家財一切を持って避難した。その家財も、家具などほとんどなく、鍋、釜、茶碗程度のもので、いつでも背負って逃げられるように備えていたともいう。実際、江戸の町の遺構を発掘すると、民家のあとからは、その程度のものしか出土していない。

このものに執着しない身軽さが、「江戸っ子は宵越しの銭を持たない」といった、「江戸っ子気質《かたぎ》」に結びついたという見方もある。

火災で大きな被害が出ると、幕府は被災者救済に迅速に動いた。明暦の大火後も、幕府は、浅草の米蔵の米を1日1000俵提供した。市中数カ所で粥を炊いて無料で配布、罹災した大名、旗本、御家人への資金援助のほか、町中にも「銀子《ぎんす》（金銭）」十数万両が支給されたという（参照：『大江戸災害ものがたり』酒井茂之／明治書院）。

被災後の復興のために、木場にはつねに大量の木材が備蓄され、安価で提供された。江戸が、災害を乗り越えて世界一の大都市になった背景には、明暦の大火後の徹底した都市改造とともに、非常時の食料、金銭、木材などの供給システムの完備があっただろう。加えて、町火消のような自助、相互扶助システムがあったから、といえる。

明治時代になって、町火消は、「消防組」へと改組された。そしてその後も、大災害が起こるたびに自助組織として、その機能を発揮しているのだ。

大火のあとにつくった巨大「遊水池」

隅田川の東側を「計画的に洪水を起こす氾濫原」とするのが、前出の「日本堤」の発想だった。しかし、明暦の大火の結果、隅田川の東側にも寺社や武家、町人の居住区域をつくったことから、治水の全面的な見直しが必要となった。

明暦の大火以前には、隅田川の対岸は江戸の人々にとっては下総国《しもうさ》で、その一帯は大雨が降るたびに洪水となり、小高いところが島のように浮かぶようすとなるので、武蔵国＝江戸に住む人々は、隅田川の向こうを「向島《むこうじま》」と呼んだ。

（図表9）日本堤と墨田・荒川・熊谷堤による遊水池システム
（明治14年の地形分類）

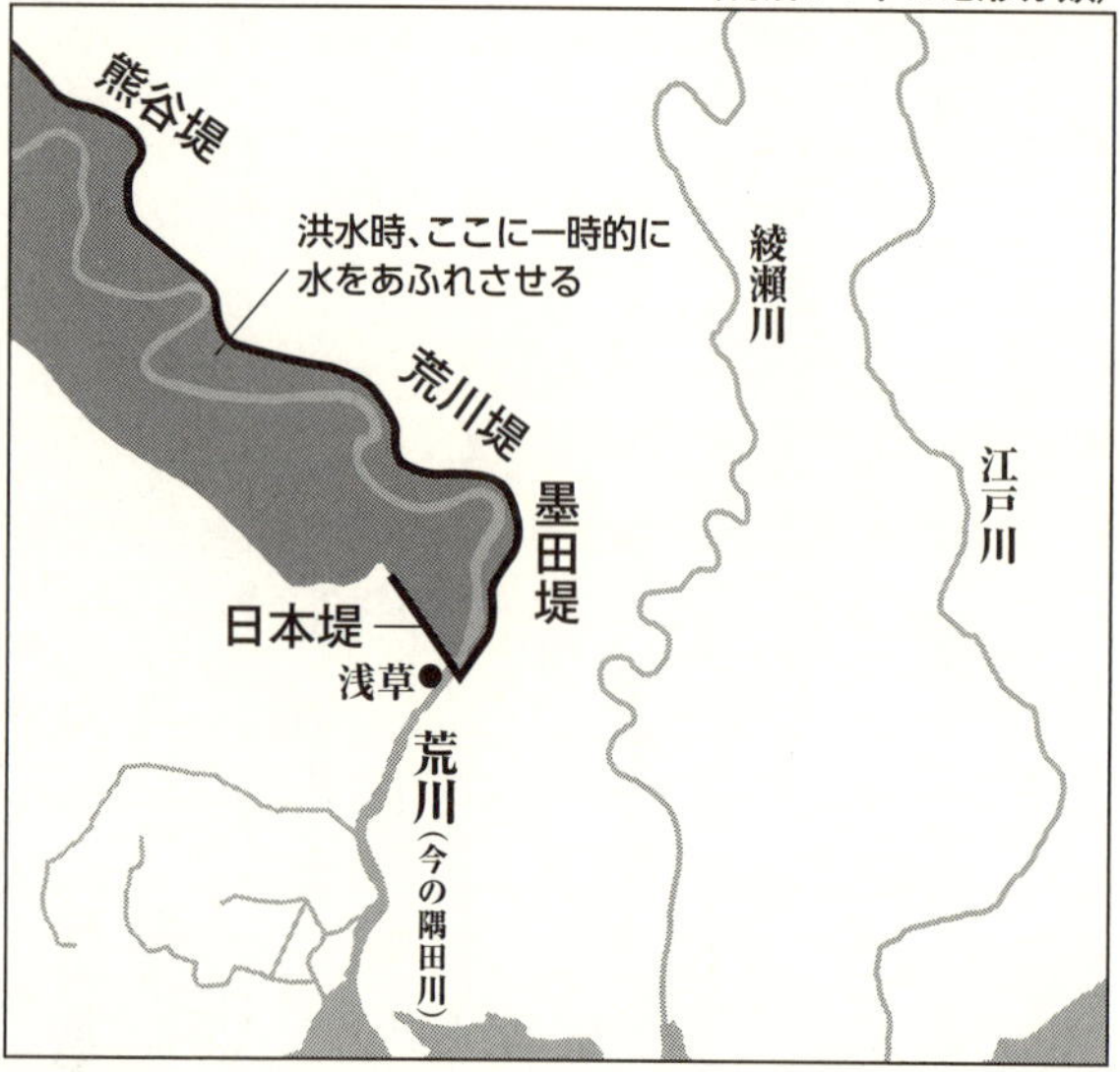

江戸幕府の大胆で柔軟な都市計画によって、江戸が洪水から守られ、安全な町となり、世界に誇る江戸独自の文化が多数生まれた。

提供：国土交通省・荒川下流河川事務所

しかし、大火ののち、前述したように橋を架けたために、多くの人が対岸にも住むことになった。この橋は武蔵国と下総国の2つの国を結ぶ橋なので、その名も「両国橋」となった。

この両国橋によって、隅田川の東まで江戸が発展することになった。

そうなると、日本堤の建設によって氾濫原とされていた隅田川の東側を、今度は洪水から守らねばならない。

大火の以前から、隅田川の

東側の河岸には、埼玉県北部の熊谷まで続く街道の小さな堤があった。この堤を本格的な堤防に改築することで、隅田川の東岸の洪水対策とすることにした。

墨田堤から荒川堤、熊谷堤と堤防を強化し、日本堤とこれらの堤とで隅田川を囲い込み、その広大な一帯を新たな氾濫原、今の言葉でいうと「遊水池」の機能を果たすようにしたのだ。

それまでは隅田川の東側に洪水を起こすことで江戸の町を守っていたが、この遊水池で、江戸の全体を守る仕組みとした。

この河川の中で水を遊ばせるシステムは、現在の治水ダムとまったく同じ概念の土木技術であった。

吉原移転の真の狙いは堤防強化？

次の問題は、これらの堤防をいかにして維持、管理するかということであった。この巨大な堤防のどこか1カ所でも破堤すれば、江戸の町全体が洪水に沈んでしまう。

コンクリートなどない時代、土を盛ってつくられている堤防は、維持管理が極めて重要なテーマであった。土堤をしっかり管理していないと、すぐに草花が繁茂し、そこにミミズが増え、それをエサとするもぐらが穴を掘って、堤防が脆弱になってしまう。

大雨が降れば、堤防の法面《のりめん》が崩壊する。地震でも割れ目ができて、それを発見できないと、川の増水や大雨でそこから崩壊する。

江戸時代には、現代のような河川法で決められた河川管理者がいなかった。だれかが監視役を務めなければならなかった。

江戸幕府は、その監視役を江戸の民衆に託す方法を考えたのだ。

それは、「吉原遊郭」の移転だった。幕府は、日本橋の人形町付近にあった吉原遊郭を、明暦の大火の復興時に浅草の日本堤に移転させた。

それまでの日本堤は、辺鄙《へんぴ》でさびしいところで、追いはぎなどの事件が起こっていた。吉原遊郭をそこへ移転することで、日本堤周辺の景色が一変していった。

江戸中の男たちが日本堤の上を新吉原に向かった。吉原へ向かう客たちが、堤防の上をゾロゾロと歩く。これによって堤防は踏み固められ、強化された。堤防のどこかに異常が発生すれば、お客たちはすぐ役人に告げていった。

さらに8代将軍吉宗は、墨田堤に桜の木を植えさせた。これで、花見の時期には老若男女の江戸っ子が大勢やって来て堤防を踏み固めた。墨田堤の向島には、料亭を誘導して、多くの人が集まる江戸でも有数の料亭街となっていった。

浅草の浅草寺の日本堤近くには、江戸市中にあった芝居小屋や見物小屋を移転させていった。江戸の芸能、演劇がこの地で盛んになり、江戸中の人々が集まる場となっていった。

江戸幕府の、治水・土木工事と、大胆で柔軟な「都市計画」によって、堤防が守られ、江戸が安全で住みやすい町として発展しただけではない。江戸独特の文化も多種、多数育まれた。

治水土木技術のインフラが、日本のシンボルともいえる江戸という社会共同体を形成していった。

(図表10) 名所江戸百景に描かれた「よし原日本堤」(広重)

吉原へ向かう多くの客たちが堤防の上を歩くことで堤防が強化され、防災にもつながっていった。

提供:アフロ

終　章

明治以降の〝奇跡の発展〟を支えた理系の力

1 寒村だった横浜村が「日本の玄関」になったからくり

ペリーが2度目に来航した横浜の運命

米国のペリー提督が黒船4隻（旗艦サスケハナ号）を率いて浦賀（現・神奈川県横須賀市東部）に来航したのは1853（嘉永6）年のことだった。

この来航が、欧米の国の元首が送ってきた最初の外国船の来航かというと、そうではなかった。

浦賀は、現在も横須賀に海上自衛隊や米軍が使用している港があるように、江戸湾（東京湾）の入り口に位置していることから、早くから外国船が立ち寄る港だった。1720（享保5）年に江戸湾の船舶の監視などをおこなうために浦賀奉行が置かれた。1800年代には外国船の来航がしばしばあった。1818（文政元）年に英国商船ブラザーズ号、22（文政5）年には英国捕鯨船サラセン号が来航した。

浦賀には砲台が整備され、1825（文政8）年に幕府が「異国船打払令」を発したあとに来航した米国商船モリソン号に対して砲撃を加えた。この砲撃は、モリソン号を英国の軍艦と誤認した誤射で、モリソン号はマカオで保護されていた日本人漁民7人を送り届けにきた非武装の船だった。

この事件から異国船打払令には批判が集まり、アヘン戦争で清朝が敗北したことも影響して、1842（天保13）年、遭難した船に薪や水、食料を与えることを認める「天保の薪水《しんすい》給与令」を発令、打払令は撤回された。

幕府は、この時点ですでに英国や米国、ロシアなどが開国を求めていることを十分に知っていた。

そこに、ペリー提督が米国大統領の親書を携えて来航したのだ。

幕府は、三浦半島南端の久里浜に上陸するように指定し、そこで、大統領の親書が手渡された。ペリーは開国を求めたが、協議はおこなわれず、幕府が1年の猶予を求め、ペリーは琉球に向けて出航した。

約束の翌1854（嘉永7）年、ペリーは旗艦サスケハナ号など9隻の軍艦を率いて横浜の沖に停泊、条約締結を強く求めた。蒸気船を含む艦隊に幕府はやむを得ず、日米和親条約（神奈川条約）を調印した。

この条約で、静岡県の下田港（即時開港）と函館港（1年後開港）が開港されることが決まり、江戸幕府は開国へと舵を切っていくことになる。

「水の供給」をクリアした技術力が発展の原動力に

1856（安政3）年に、神奈川条約に基づいて日本初の総領事として、タウンゼント・ハリスが下田に赴任した。ハリスは、江戸城で幕府と協議、「アヘン戦争」の結果からわかるように、英国やフランスが幕府にとって、日本国にとって脅威だと主張し、「日米修好通商条約」の締結を迫った。

その結果、1858（安政5）年に、「日米修好通商条約」が結ばれる。この条約で、下田、箱館に加えて、新たに「神奈川、長崎、新潟、兵庫」の開港、「江戸、大坂」の開市が決まった。下田港は、神奈川開港の6カ月後に閉鎖することとなったので、事実上、江戸に直結する日本の窓口となるのは、神奈川港となった。

ところが、この時、神奈川、つまり横浜は、戸数約100戸、半農半漁の寒村にすぎず、国際港として開港するような環境はまったく整っていなかった。

横浜には大きな河川がなく、河川から運ばれる土砂が堆積することが少ないため、港に向いているといえば向いていた。ただ、戸数100戸程度の村に国際港が突然開港できる

（図表11）神奈川横浜新開港図

日本の近代化の象徴ともいえる横浜の発展を支えたのは「近代水道」の技術だった。

神奈川県立歴史博物館所蔵

とも思えない。

横浜の中心には、大岡川が流れている。しかし、この川は、海から海水が逆流する川で、当時、飲料水や農業用水としては使えなかった。横浜の飲み水は、山手からの湧水だけが頼りだった。

横浜村は、開港して14年目に、川崎領の二ヶ領用水から「もらい水」をするほかなかった。すでに時は明治の時代、1873（明治6）年のことだ。二ヶ領用水は、徳川家康が関東で農地を確保するために用水奉行につくらせたものだった。

関ヶ原の戦いのころに用水工事が進められ、1602（慶長7）年に主要水路がようやく完成した難工事で、川崎の人々にとってはまさに「命の水」だった。

そんな大切な二ヶ領用水を、明治政府の後押しがあったとはいえ、横浜村は頭を下げて「もらい水」をするほかなかった。

横浜が自らの地域内で「水道」を確保するのは、1887年、神奈川県が英国陸軍工兵少将ヘンリー・スペンサー・パーマーに依頼した水道計画が完成するまで待たなければならなかった。

これが、日本で最初に完成した「近代水道」だった。横浜から40キロメートル以上離れた相模川の支流・道志川から横浜の野毛山配水池まで導水する大工事だ。パーマーは、その後、横浜港築港計画にも携わり、横浜では歴史上のヒーローとなっている。

1889（明治22）年には、横浜は人口12万人の横浜市となった。わずか30年ほどで、100戸ほどの寒村が国際港湾都市になった。

江戸幕府が、江戸湾に異国の船が入ることを嫌い、横浜村に白羽の矢を立てたこと、そして、「水の供給」という問題を日本で最初の近代水道でクリアできたこと、この2つが、横浜を異国ムード漂う国際港湾都市に発展させる原動力になったのだ。

2 グラハム・ベルが予言した「日本の未来のエネルギー」

その地勢から日本の発展を予見した科学者ベル

日本の「都」は、およそ１３００年前の昔から、平城京、平安京、江戸から東京へ、と変遷した。

その変遷の背景にあったのは、「環境とエネルギーと健康（食料、感染症）」の問題だった。これからの未来に日本の都市が直面するのも、同じ問題となる。

その問題の中でも、エネルギーは、とくに長期的展望をもって臨まなければ、将来の世代に禍根を残すこととなる。なにしろ日本のエネルギー自給率は約７％で世界の先進国の中では最低レベルである。人類の歴史を振り返ればエネルギー自給率７％の文明は存続できないことは自明である。

化石エネルギーは枯渇に向かい、その価格は途方もなく高騰していく。だからこそ、持続可能なエネルギーを追求しなければならない。

この問題に関して、明治時代の後半に、一つの「予言」がなされていた。

1898（明治31）年に来日した、アレクサンダー・グラハム・ベルがその「予言者」だ。ベルは、科学者であり、教育者でもあり、なにより1876（明治9）年に世界で最初に「電話」の実験を成功させた人物だ。

ベルは、東京・港区の帝国ホテルで講演をおこない、次のように語った。

「日本を訪れて気がついたのは、川が多く、水資源に恵まれているということだ。この豊富な水資源を利用して、電気をエネルギー源とした経済発展が可能だろう。電気で自動車を動かす、蒸気機関を電気で置き換え、生産活動を電気で行うことも可能かもしれない。日本は恵まれた環境を利用して、将来さらに大きな成長を遂げる可能性がある」（参照：『日本史の謎は「地形」で解ける【文明・文化篇】』竹村公太郎。出典：『ナショナル・ジオグラフィック』より抜粋）

ベルは、米国ナショナル・ジオグラフィック（地理学）協会会長で『ナショナル・ジオグラフィック』の出版責任者だった。地形、地理の専門家でもあった。

ベルは、はっきりと「蒸気機関が電気に取って代わる」「日本は水資源を利用して経済発展する」という予言をおこなっている。「予測」というレベルを超えた「先見」といえるだろう。

今や、自動車も「電気に置き換え」られようとしている時代で、ベルの予言が着々と実現しているといっても過言ではない。

日本列島は、アジア・モンスーン帯という気候区分に位置していて、日本に吹いてくる風は、海を越えてつねに湿気を含んでいる。そのために、多量の雨や雪を日本列島に運んでくる。

その雨や雪は、野山をうるおし、田畑に豊潤な作物という恵みを与えるだけではなく、「エネルギー」として有用なのだ。

再生可能エネルギーというと、太陽光発電や風力発電が最初に挙げられるが、水力発電も、「降雨・降雪」という形での太陽エネルギーの利用だ。太陽によって加熱された海や湖沼、山林の水蒸気が雲となり雨や雪となる。

その雨や雪が水となって集まると、水力エネルギーを生み出すのだ。

日本の国土の約70%は山岳地帯で、そこから雨粒を集めて流れる水は、無限のエネルギーを生み出す。

科学者ベルは、この山岳列島の可能性を的確に見抜いていた。そして、ベルの予言通り、日本は水力発電で時代を切り開いた。

太平洋戦争は、「石油資源」の争奪戦だった。その本質は「エネルギー獲得戦争」だった。

この戦争ののち、日本は、焼け野原となった国土の復興のために、水力発電を開発した。

静岡県の佐久間ダム、福島県の田子倉ダム、富山県の黒部ダムと、復興のために絶対に必要な電力を供給し、敗戦で打ちのめされていた日本人を奮い立たせる巨大プロジェクトが遂行された。

安定した未来のエネルギーを手に入れるために

ベルの予言は、的中した。しかし、現在の日本ではどうだろうか。巨大なダムを建設して電力をまかなう時代ではなくなった。それでは、未来のエネルギーはどうすればいいのだろうか。

実は、現存するダムの運用を見直すだけで、新たな「水力エネルギー」が得られるのだ。既存ダムの中で、国土交通省や地方自治体が管理・運営しているダムは、そのほとんどが洪水対策と利水目的を併せ持つ「多目的ダム」だ。この多目的ダムの多くは、水力発電をおこなっていない。

つまり、現存する多目的ダムに発電機を設置して水力発電をおこなうことで、かなりの電力が新たに得られるということだ。ただ、「洪水対策」のためには、ふだん貯水しないで大雨の時に溜めたい。一方で、「利水目的」のためには、なるべく多く貯水して渇水に備えたい、と相反する運用となっている。

もちろん、水力発電もなるべく水を溜めておきたい。水量を増加させれば水位も高くなり、発電量も増加する。ただし、治水のための目的を満たさなければならない。台風など大雨が降らない普段は貯水して発電量を増加させる。そして、いざ台風が襲来するとなれば、その規模・進路が判明してから数日前に事前放流をおこない、貯水水位を下げて台風に備えるという対応が可能だろう。

もう一つの方法は、「ダムの嵩上《かさ》げ」だ。

ダムの「堤体」の上部を嵩上げし、貯水能力を増加させることで、大きな発電能力を生むことができる。既存ダムの嵩上げ工事は、自然環境などに与える影響も限定的である。20世紀に建設された数多くのダムは、将来の子孫のために用意された「ダム嵩上げ」の基礎構造物となっていけばよい。

こうした既存ダムの運用見直しや嵩上げを実行することで、北海道から沖縄までのダムで試算すると、出力９３０万キロワットの電力が新たに得られる。

この試算は、日本プロジェクト産業協議会（JAPIC）の水循環委員会がおこなったものだ。

もう一つは、おもに1000キロワット以下の小規模な水力発電装置を多数、建設する方法だ。「小水力発電」と呼ばれる。

2018年9月の北海道胆振《いぶり》東部地震に伴って起こった、北海道全域での「ブラックアウト」となった大停電の際にも、その復旧に水力発電は活躍した。地域ごとに分散した水力発電装置を設置すれば、必要最小限の電力を確保することができる。

例えば、交通信号機や自動販売機、病院、介護・福祉施設、夜間照明、電話交換システム、緊急時の同報無線装置などの電力は、それぞれ、さほどの大電力を要するものではない。分散型の水力発電と電力供給システムを再編成すれば、地域の安定した電力供給・運用は十分に可能だろう。

既存ダムの運用見直し、嵩上げなどとともに、小水力発電システムを日本各地に分散させることで「未来のエネルギー」が水力によって得られる。

これこそが、ベルの予言なのかもしれない。この予言は、日本列島が山と川を抱いている限り的中し続けるのである。

3 「乾電池」の発明が日清戦争の勝利を決定づけた

世界で初めて「乾電池」を発明した日本人

電池の歴史は、約2000年前の遺跡で発掘された「壺」にさかのぼるという。現在のイラクの首都バグダッド近郊外のパルティア遺跡から発見された壺が、電池だと判断されている。「バグダッド電池」と呼ばれ、世界最古の電池と考えられている。

現代の乾電池は、生活の中で当たり前に使われているのであまり目立たないが、実は、ほとんどの家電製品、電気製品に関わっている。乾電池で作動する電気製品でなくても、例えばメモリーを維持するために、表面上はわからないところで小さな乾電池が使われている。

現在のような、便利な乾電池の形を発明したのは、実は日本人だった。

その原型となる「ルクランシェ電池」はあったが、この電池は、「溶液がこぼれる」「冬の気温が低い時期には作動しにくい」という問題があった。ルクランシェ電池は、フランスの電気技師ジョルジュ・ルクランシェが1866（慶応2）年につくった。

「溶液がこぼれる」といった問題を解決する「乾電池」を世界で初めて発明したのが、日本人の屋井先蔵《やいさきぞう》だった。

屋井は、新潟県長岡市生まれ。13歳の時に、東京の時計店で働き始めた。この店は1年で辞めて長岡に戻ってしまうが、18歳の時に再び上京し、独力で「永久機関」の研究をおこなった。

1885(明治18)年に屋井は、輸入品の「湿電池」を利用した連続電気時計を発明したが、湿電池はどうしても電池から薬品が染みだしてくる。時計の金属が腐食してしまうことから、屋井は「乾いた電池」を工夫し始めた。

そして、1887(明治20)年、屋井は、炭素棒にパラフィン(蝋《ろう》)を染み込ませることで、湿電池の欠点を克服した「屋井乾電池」を発明した。23歳だった(最終的完成は2年後ごろとされる)。

世界でも画期的な発明だった。ところが、東京物理学校(現・東京理科大学)の職工として働いていた当時の屋井には資金がなく、乾電池の技術についての特許を出願することができなかったという。

そのため、世界初の乾電池の発明者でありながら、「世界最初の乾電池特許取得者」という名誉を得ることができなかった。結果として、1888（明治21）年、ドイツのカール・ガスナーが乾電池の特許を取得している。

1892（明治25）年に、米国のシカゴで開催された万国博覧会に、帝国大学理科大学が、屋井乾電池を使用した「地震計」を出品し注目を浴びる、ということもあった。

屋井が日本で乾電池の特許を取得することができたのは、シカゴ万博の翌年だった。そのころ、すでに屋井乾電池を模したものが出回っていて、日本に逆輸入されていたという。

日清戦争で、その優秀さが証明される

1894（明治27）年に勃発した日清戦争で、屋井乾電池の優秀さが認められることになる。中国東北部の満州での戦場で使用された屋井乾電池が「凍結しない」ことで軍用乾電池として非常に役立つことがわかったのだ。

それまでは軍隊では液体電池が使用されていたが、満州の過酷な寒気の中で、屋井乾電池だけが使用に耐えたということで、「満州での勝利は、乾電池による」という賞賛が集まった。

屋井は、「屋井乾電池」という会社を設立し、1910（明治43）年には乾電池の量産

体制を整えた。その時に、筒型の金属ケースを採用し、現在の電池のスタイルを確立、海外の類似品との競争にも勝ち抜いて日本国内の乾電池のシェアを掌握、「乾電池王」と呼ばれるようになったという。

ただ、屋井には後継者がいなかったため、死後、屋井が築いた会社や「屋井乾電池」の名を継ぐ者はいなかった。

戦後の日本の復興では「技術立国」がスローガンのようになったが、明治時代の「富国強兵」政策の中でも、こうした技術者の地味な研究、努力が日本の発展を陰で支えていた。

屋井の業績を事実上、継承したのが松下幸之助だった。松下は、1923（大正12）年に自転車に取り付ける「砲弾型電池式ランプ」を開発し、これがヒット商品となった。そのため、松下は外注していた乾電池を自社で製造するようになり、電気器具メーカーとして大きく成長するきっかけとなった。

そして、戦後日本の高度成長の一端を担う「松下電器産業」（現・パナソニック）へとつながるのだ。

4　日本のお家芸「小さなものづくり」が未来を変える

戦後復興を支え、技術大国日本を築き、未来を開いた日本人たち

このところ、日本の「理系力」が落ち込み気味ではないか、と語られることが多い。

確かに、戦後日本の「焼け野原」からの復興と、世界を驚かせた１９５０年代から60年、70年代の「高度経済成長」を遂げた時期に比べると、どこか日本が「お家芸」としてきた「技術立国」の色合いが薄れ気味かも知れない。

その背景には、大量の資源と物資を必要とする「白物家電＝炊飯器・冷蔵庫・洗濯機・エアコン」から、付加価値が大きい電子機器・コンピューターを筆頭とする「ＩＴ産業」が中心となった影響が大きい。

現在の日本には「イノベーション（技術革新）がない」と昨今いわれる。かつての日本は、技術革新の連続であったから、その比較でそのように考えてしまう。

戦後の驚異的な復興を実現する底力となった人々は、まさに立志伝中の人物たちだ。

本田技研工業の本田宗一郎氏は、１９４６（昭和21）年に本田技術研究所を設立、旧陸

軍無線用の発電機を改造したエンジンを自転車に搭載し、「原動機付自転車」の開発からスタートした。

1955(昭和30)年には、二輪車生産台数日本一を達成し、その後、世界一のバイクメーカーとして世界に知れ渡った。4輪車の開発では、「低公害エンジン」をいち早く開発、「人型」ロボット開発でもよく知られる。最近は、小型ビジネスジェット機の実用化にも成功した。

ソニーは、創業者の井深大氏、盛田昭夫氏の新発想で、世界にその名をとどろかせた。1946(昭和21)年、東京通信工業株式会社として創立され、1950(昭和25)年に日本初のテープレコーダー、1955(昭和30)年には日本初のトランジスタラジオを発売、この製品から「SONY」のマークを入れた。

その後、ソニー株式会社と改称し、1961(昭和36)年に世界初のビデオテープレコーダー(VTR)を開発、1982(昭和57)年には放送用ビデオの標準機となるベータカムを発売、テレビ局などプロ向けENG(電子取材機器・ビデオカメラ)市場の約95%を占めるまでになった。

1979(昭和54)年に発売した携帯型カセットテーププレイヤー「ウォークマン」は、

世界の若者に受け入れられ、若者たちのライフスタイルを変えるほどの画期的イノベーションの例となった。その後、携帯型ＣＤプレイヤーも大ヒットした。

科学の国際的フィールドでの日本人の活躍も、戦後復興と高度成長の精神的支柱となっただろう。

１９４９（昭和24）年、理論物理学者・湯川秀樹氏が、原子物理学の業績から日本人として初めてノーベル物理学賞を受賞したことは、戦後間もない日本人にとって大きな精神的活力となった。

湯川博士は１９５７（昭和32）年、核兵器廃絶を訴える科学者による国際会議「パグウォッシュ会議」に参加し、国際的に発言する姿は、当時の日本の人々に強烈な印象を与えた。

同会議に参加した科学者の中に、物理学者・朝永《ともなが》振一郎氏の名がある。朝永氏は、１９６５（昭和40）年に量子電磁力学への貢献でノーベル物理学賞を受賞した。この受賞は、64（昭和39）年に開催された東京オリンピックの翌年というタイミングで、まさに高度経済成長の真っ只中。日本人としては２人目のノーベル賞受賞は、日本人のチャレンジ精神を大いに刺激し、各分野で国際舞台に進出する励みとなった。

朝永氏の研究は、その後も継承され、小柴昌俊氏（２００２年ノーベル物理学賞受賞）、南部陽一郎氏（2008年同賞受賞）、梶田隆章氏（2015年同）とノーベル賞受賞者を輩出している。

1973（昭和48）年には、物理学者・江崎玲於奈《れおな》氏がノーベル物理学賞を受賞。日本人4人目の受賞者となった（3人目は68年、文学賞受賞の川端康成氏）。

江崎氏は、元・東京通信工業（現・ソニー）の半導体研究室主任研究員として、「トンネル効果」を持つトランジスタを偶然発見、新型ダイオード（エサキダイオード＝トンネルダイオード）を開発した。

トンネル効果とは、古典力学的には通過しないはずの障壁を、粒子が通過する量子学的現象のこと。コンピューターのＣＰＵ（中央処理装置＝プロセッサー）などの集積回路技術の基礎となっている。

戦後日本の理系力ある人々や企業が挙げた業績は、現在でも産業、科学、また、「ＩＴ（情報技術）社会」の発達の礎《いしずえ》となっている。

「日本の理系力」がなし得たことは、今でも国際的に評価が高く、加えて、日本製品や科学技術を世界に知らしめた、まさに「ジャパニーズドリーム」を体現した偉業といえる。

これらのイノベーションの多くは、日本古来の「縮小する技術」の枠ということができるだろう。団扇《うちわ》を折り畳めるようにして「扇子《せんす》」をつくり出したり、雨傘を「折り畳み傘」にと、あらゆるものをコンパクトにしてきた。

現代の先端技術においても、トランジスタ、ダイオードなど、大きな真空管ほかの電子部品を極小の電子回路にフィットするように縮小したことで、コンピューターの発達の基礎となった。ウォークマンは縮小する技術の極地だったし、ノートパソコン（ノート型ＰＣ）を世界で最初に発売したのも日本のメーカーだった。

日本の「理系力」は、今の時代にまさに求められる「サステナブル（持続可能）な社会」を担う技術につながる、日本のお家芸である。

世界の夜を変えた青色発光ダイオード

理系における一つの発明が、科学・医学などの分野にとどまらず、広く世の中を変えていくきっかけになる。

その可能性に一つのヒントを与えたのが、「青色発光ダイオード」の実現だろう。

青色発光ダイオードの発明によって、「白色のＬＥＤ（発光ダイオード）」を可能にした。それまでのＬＥＤに、青色ＬＥＤが加わることで、ＬＥＤによる白色の光が実現したのだ。

赤、緑、青が「光の三原色」と呼ばれる。この3つの色を強度を調節して混ぜ合わせることで、光によるすべての色を再現することができる。バランスを調節すると、この3色によって、白色もつくることができる。

夜間、または、家屋内の照明では、白色は欠かせない。白熱電球や蛍光灯によって、白色に限りなく近い照明が電気によってつくられてきた。しかし、電力をできるだけ消費しない白色の照明が望まれて久しかった。

同時に、テレビ画面やパソコンのディスプレイなどでも、これらを大量に使用する時代となってきたことから、省電力のLEDによる省エネルギーの機器が開発されることが期待されていた。

白熱電球より蛍光灯のほうが消費電力が少ないため、蛍光灯が普及してきた。LEDなら、もっと大幅に消費電力が節約できる。加えて、白熱電球や蛍光灯より寿命が長いことも大きなメリットとしてあった。ところが長い間、白色のLEDは実現しなかった。

赤色と緑色のLEDは、1970年代までに開発されていたが、白色の光をつくり出すためのもう1色、「青色」のLEDが長い間、開発ができなかったからだ。

LEDによって青い光を生み出す方法は、さまざまに世界中の研究者によって工夫されてきたが、いずれも成功せず、実現は不可能か、と一時はいわれていた。

そんな中、１９８６（昭和61）年、名古屋大学の赤崎勇氏と天野浩氏が、青い光を発生させることに必須の高品質な単結晶の窒化《ちっか》ガリウムの作成に成功した。その後、89（平成元）年に現在の青色ＬＥＤの基礎となる方式で発光させることに世界で初めて成功、実用化への道筋をつけた。

赤崎、天野両氏が発光させることに成功した89年当時、徳島県の日亜化学工業株式会社の研究開発担当だった中村修二氏が、青色ＬＥＤ製造実験のための装置製作に苦心の末に成功、93（平成５）年、日亜化学工業は青色ＬＥＤを製品化すると公表した。

青色ＬＥＤによって、照明もディスプレイも変わった。照明では、道路の信号機に画期的な改善を見ることができる。従来の白熱電球信号だと、低い角度で信号機の正面から太陽光が当たると、点灯していなくても点灯しているように見えて不都合があった。

青色ＬＥＤの普及で、そのトラブルは解消され、低電力でくっきりと見える信号機が一般化している。

ＬＥＤの寿命は、蛍光灯の数倍で、消費電力が少ないため、医療用機器にも応用される。体内の画像を撮影する「カプセル内視鏡」も、内蔵するバッテリーがより小さくなったことで小型化し、患者の身体への負担が減少した。

LEDによる白い光には、赤外線、紫外線などをほとんど含まないため、紫外線で劣化する恐れがある美術品の展示用照明にも最適だ。農業生産では、野菜の種類に合わせて成長を促進する光を当てることができる。

この発明によって、省エネ・省電力で、まったく新しい白色の照明、そして、「あらゆる色の光」を得ることが可能になった。これは、「エジソンの白熱電球以上の大発明」と言っても過言ではない。

LEDなら、ごく小さな電池でも十分な照明が得られる。世界中の貧しい地域でも、バッテリー消費や電気料金を気にすることなく、夜間の照明が得られる。また、低電力だから、太陽光などの一般家庭向け発電システムで十分な家屋内の照明を確保できる。

地域社会で必要とされる電力需要の増加に歯止めをかけることにもつながった。

これからのサステナブルな社会に必要な日本の理系力

医学の分野でも、日本人は世界的発明・開発の実績を挙げ続けている。

2012（平成24）年、京都大学の山中伸弥氏が「iPS細胞（人工多能性幹細胞）」

の研究によって、ノーベル生理学・医学賞を受賞したことは記憶に新しい。

その後も、ノーベル生理学・医学賞を受賞した大村智《さとし》氏、大隅良典《おおすみよしのり》氏、がん免疫療法剤（製品名・オプジーボ）を開発した本庶佑《ほんじょたすく》氏などが、独創的イノベーションを実現し続けている。

しかし、現在のようにノーベル賞受賞者が次々と現れるようなことは、将来は期待が薄い、と見る人もいる。有能な若手の科学者が、日本国内で潤沢な資金を受けて思う存分、活躍する環境が激減しているという。

そのために、可能性を求めてアメリカなどに活動の場を求める科学者、医師などが後を絶たない。

戦前には、「日本製＝メイド・イン・ジャパン」とは「質が悪い商品」の代名詞とまで言われた。そんなマイナスの状況から出発して、戦後、高度成長とともに日本のものづくりは世界のトップレベルに到達した。

日本の歴史を振り返ると、日本人は、つねに海外からモノや知識を輸入し、新たな発想と実用性を加えて、逆輸出してきた。

稲作に始まり、仏教建築、日本刀、鉄砲、医学、数学……いずれも、輸入されたレベルより数段高いものに磨き上げ、世界に日本流の文化・文明を発信してきた。

これからの世界は、これまでの「グローバル化」「拡大主義」から「縮小主義」「サステナブルな社会」にシフトしていく。

この未来こそ、まさに日本の「お家芸」の出番といえる。近い未来には、「ＡＩ（人工知能）」を有効に駆使した「小さなものづくり」の時代になり、日本に脈々と流れている才智の見せ場が来る。

日本人は外からの情報や技術に耳を傾け、目を凝らしていくことが大好きであった。その情報や技術を改良していくプロセスで、まったく新しい技術を生み出していった。

その根底にある心は、細工して、ものを詰め込んでいくことであった。細工し、詰め込み、ものを小さくする。それが未来の持続可能な文明の原点となっていく。

世界の中で小さなものを特別に愛するのが日本人である。この日本人の性向を見直し、評価していくこと。生まれてくる子どもたちに伝えていくこと。

私たち日本人が、あらためて日本人を評価し、愛することが、日本人の理系の力を伸ばし、強めていくことになる。

その理系の力が未来の社会を支えていくことになる。

おもな参考文献

『文明の衝突』サミュエル・ハンチントン　鈴木主税訳／集英社文庫
『日本文明の謎を解く』竹村公太郎／清流出版
『日本史の謎は「地形」で解ける』竹村公太郎／ＰＨＰ研究所
『日本史の謎は「地形」で解ける【文明・文化篇】』竹村公太郎／ＰＨＰ研究所
『「ハイテク」な歴史建築』志村史夫／ＫＫベストセラーズ
『世界危機をチャンスに変えた幕末維新の知恵』原口泉／ＰＨＰ研究所
『五重塔の科学』谷村康行／日刊工業新聞社
『天皇陵古墳への招待』森浩一／筑摩書房
『意外と知らない！こんなにすごい「日本の城」』三浦正幸／実業之日本社
『軍需物資から見た戦国合戦』盛本昌広／洋泉社
『大江戸災害ものがたり』酒井茂之／明治書院
『日本人の「食」、その知恵としきたり』永山久夫監修／海竜社
『ニッポン最古巡礼』高田京子・清澤謙一／新潮社
『30の発明からよむ日本史』池内了監修／造事務所編／日経ビジネス人文庫
『図説　江戸の暮らしを支えた先人の知恵！日本の暦と和算』中村士監修／青春出版社

構成／山崎智嘉
DTP／エヌケイクルー

青春新書 INTELLIGENCE

こころ涌き立つ「知」の冒険

いまを生きる

"青春新書"は昭和三一年に――若い日に常にあなたの心の友として、その糧となり実になる多様な知恵が、生きる指標として勇気と力になり、すぐに役立つ――をモットーに創刊された。

そして昭和三八年、新しい時代の気運の中で、新書"プレイブックス"にその役目のバトンを渡した。「人生を自由自在に活動《プレイ》する」のキャッチコピーのもと――すべてのうっ積を吹きとばし、自由闊達な活動力を培養し、勇気と自信を生み出す最も楽しいシリーズ――となった。

いまや、私たちはバブル経済崩壊後の混沌とした価値観のただ中にいる。その価値観は常に未曾有の変貌を見せ、社会は少子高齢化し、地球規模の環境問題等は解決の兆しを見せない。私たちはあらゆる不安と懐疑に対峙している。

本シリーズ"青春新書インテリジェンス"はまさに、この時代の欲求によってプレイブックスから分化・刊行された。それは即ち、「心の中に自らの青春の輝きを失わない旺盛な知力、活力への欲求」に他ならない。応えるべきキャッチコピーは「こころ涌き立つ"知"の冒険」である。

予測のつかない時代にあって、一人ひとりの足元を照らし出すシリーズでありたいと願う。青春出版社は本年創業五〇周年を迎えた。これはひとえに長年に亘る多くの読者の熱いご支持の賜物である。社員一同深く感謝し、より一層世の中に希望と勇気の明るい光を放つ書籍を出版すべく、鋭意志すものである。

平成一七年　　刊行者　小澤源太郎

監修者紹介

竹村公太郎〈たけむら こうたろう〉

1945年生まれ。東北大学工学部土木工学科修士課程修了。建設省(現・国土交通省)入省後、おもにダム・河川事業を担当し、近畿地方建設局長、河川局長などを歴任。2002年、国土交通省退官後、リバーフロント研究所代表理事を経て、現在は日本水フォーラム代表理事。2017年から福島水力発電促進会議座長も務める。地形・気候・インフラの視点から歴史・文明を論じ、注目を集めてもいる。
著書に『日本史の謎は「地形」で解ける』(PHP文庫)シリーズのほか、『日本文明の謎を解く』(清流出版)、『本質を見抜く力』(養老孟司氏との共著/PHP新書)、『水力発電が日本を救う』(東洋経済新報社)などがある。

「理系《りけい》」で読《よ》み解《と》く
すごい日本史《にほんし》

青春新書
INTELLIGENCE

2019年3月15日　第1刷

監修者　竹《たけ》村《むら》公《こう》太《た》郎《ろう》

発行者　小澤源太郎

責任編集　株式会社プライム涌光
電話　編集部　03(3203)2850

発行所　東京都新宿区若松町12番1号
〒162-0056
株式会社青春出版社
電話　営業部　03(3207)1916　振替番号　00190-7-98602

印刷・中央精版印刷　製本・ナショナル製本

ISBN978-4-413-04565-0

青春知的 INTELLIGENCE

ここで役立つ「知」の買原!

P.554	冒険投資家
P.555	ヘッジファンド
P.556	中央銀行
P.557	株式本位制
P.558	円・ドル
P.559	為替
P.560	新聞
P.561	株価
P.562	証券
P.563	債券
P.564	金融
P.565	経済(巻末)

※は略語